EX LIBRIS

VINTAGE CLASSICS

VERBAL RIDDIM
DUB POETRY

FEATURING POEMS BY
Mikey Smith, Oku Onuora, Mutabaruka, Jean 'Binta' Breeze,
James Berry, Benjamin Zephaniah, ahdri zhina mandiela,
Lillian Allen and Afua Cooper

SELECTED AND WITH A FOREWORD BY
Ruby Fatimilehin

VINTAGE CLASSICS

1 3 5 7 9 10 8 6 4 2

Vintage Classics is part of the Penguin Random House group of companies

Vintage, Penguin Random House UK, One Embassy Gardens,
8 Viaduct Gardens, London SW11 7BW

penguin.co.uk/vintage-classics
global.penguinrandomhouse.com

Penguin
Random House
UK

First published in Great Britain by Vintage Classics in 2023
This paperback first published in Vintage Classics in 2025

ISBN 9781784878276

Printed and bound in Great Britain by Clays Ltd, Elcograf S.p.A.

The authorised representative in the EEA is Penguin Random House Ireland,
Morrison Chambers, 32 Nassau Street, Dublin D02 YH68

Penguin Random House is committed to a sustainable future
for our business, our readers and our planet. This book is made
from Forest Stewardship Council® certified paper.

MIX
Paper | Supporting
responsible forestry
FSC® C018179

CONTENTS

Mutabaruka

Jean 'Binta' Breeze

James Berry

Benjamin Zephaniah

ahdri zhina mandiela

Lillian Allen

Afua Cooper

FOREWORD

The poems in this anthology have been selected to show-case the variety and nuance of dub poetry as an artistic form. Here you will find a bold and vital form of poetry, a genre concerned with giving a voice to the marginalised and fighting to oppose injustice. As the preoccupations of dub morphed and shifted over time, responding to the political climates in which the poets found themselves, the genre evolved. The contents of this collection reflect that evolution, spanning time and space and mapping the development of a highly inventive, wise, funny and, at times, furious form of poetry.

Verbal Riddim commences with the inception of dub poetry in Jamaica, collecting the work of Caribbean-based dub poets giving voice to a people oppressed by poverty and police violence. The anthology follows the current of Caribbean immigration towards the UK and Canada where the diaspora and its poets faced horrific racism, resulting in poems that document social inequality and call for black resistance. From there, a cohort of female dub poets harnessed the form to challenge sexism and forge community.

Yale professor Michael Veal described dub music as 'the sound of a society tearing itself apart at the seams.' Pioneered by King Tubby, Lee 'Scratch' Perry, Errol Thompson and others in the late 1960s, dub music consists of instrumental remixes of existing tracks and is achieved by significantly manipulating and reshaping recordings and applying studio effects such as echo and reverb.

An inherently flexible form, dub music's poetic sister also contains much of this ethos of destruction and reconstruction. Numerous differing recordings exist with poems being orally altered by the introduction of new verses and the specific stresses and emphasis of each performance. Similarly, in print, verses are inserted and extracted, and the transcription of dialect may result in a different spelling of the same word in various versions of a poem.

The poems in *Verbal Riddim* have been selected primarily from definitive collections published during the poets' lifetimes. They are the versions that the dub poets deemed best to commit to paper and are transcribed with spellings of their choosing. However, they are by no means the only correct versions. Space for revision is an innate part of dub.

Containing the work of Mikey Smith, Oku Onuora, Mutabaruka, Jean 'Binta' Breeze, James Berry, Benjamin Zephaniah, ahdri zhina mandiela, Lillian Allen and Afua Cooper, this comprehensive collection honours the work of poetic greats whose powerful, innovative and vital poetry brought revolution to the literary landscape.

MIKEY SMITH

Me Cyaan Believe It

Me seh me cyaan believe it
me seh me cyaan believe it

Room dem a rent
me apply widin
but as me go een
cockroach rat an scorpion
also come een

Waan good
nose haffi run
but me naw go siddung pon high wall
like Humpty Dumpty
me a face me reality

One little bwoy come blow im horn
an me look pon im wid scorn
an me realize how me five bwoy-picni
was a victim of de trick
dem call partisan politricks

an me ban me belly
an me bawl
an me ban me belly
an me bawl
Lawd
me cyaan believe it
me seh me cyaan believe it

Me daughter bwoy-frien name Sailor
an im pass through de port like a ship
more gran-picni fi feed
an de whole a we in need
what a night what a plight
an we cyaan get a bite
me life is a stiff fight
an me cyaan believe it
me seh me cyaan believe it

Sittin on de corner wid me frien
talkin bout tings an time
me hear one voice seh
'Who dat?'
Me seh 'A who dat?'
'A who a seh who dat
when me a seh who dat?'

When yuh teck a stock
dem lick we dung flat
teet start fly
an big man start cry
me seh me cyaan believe it
me seh me cyaan believe it

De odder day
me a pass one yard pon de hill
When me teck a stock me hear
'Hey, bwoy!'
'Yes, mam?'
'Hey, bwoy!'
'Yes, mam!'
'Yuh clean up de dawg shit?'
'Yes, mam.'

An me cyaan believe it
me seh me cyaan believe it

Doris a modder of four
get a wuk as a domestic
Boss man move een
an bap si kaisico she pregnant again
bap si kaisico she pregnant again
an me cyaan believe it
me seh me cyaan believe it

Deh a yard de odder night
when me hear 'Fire! Fire!'
'Fire, to plate claat!'
Who dead? You dead!
Who dead? Me dead!
Who dead? Harry dead!
Who dead? Eleven dead!
Woeeeeeeee
Orange Street fire
deh pon me head
an me cyaan believe it
me seh me cyaan believe it

Lawd
Me see some blackbud
livin inna one buildin
but no rent no pay
so dem cyaan stay
Lawd
de oppress an de dispossess
cyaan get no res

What nex?

Teck a trip from Kingston
to Jamaica
Teck twelve from a dozen
an me see me mumma in heaven
Madhouse!   Madhouse!

Me seh me cyaan believe it
me seh me cyaan believe it

Yuh believe it?
How yuh fi believe it
when yuh laugh
an yuh blind yuh eye to it?

But me know yuh believe it
Lawwwwwwwwd
me know yuh believe it

A Go Blow Fire

Me naw disown dis-ya talk
fi chat bout me freedom.
Naw tun criminal
siddung fill me lungs wid smoke
an sing song of lamentation
all day long.

Yuh tink every day I a go get up
an jus blow like dus
an when I cry
fi-I tears tun to pus?

I cyaan just a galang
a hope like a barren lan fi rain.
I soon bus

for behind I is darkness,
round I destruction,
an before I
hunger
a go blow fire!

Yout Out Deh

Yuh no see it, Trainer?
Look how much yout out deh
a live from han to mout
an jus a run all about
an jus a pester people
fi dutty up dem vehicle
fi get little pittance
so dat dem life can balance.

Yuh tink de only opportunity
we can give dem in dis modern society
is fi come paint political graffiti
an further distort dem personality
an tun dem into wild coyote
dat always a shoot
an every time dem greet we
is a plow an a yow
an I no cow?
Well, watch ya now!

Yuh tink every day
dem a go get up
an pin dem hope
pon politician narrow scope?
Before so,
everyting go up inna smoke!

Yuh no see it, Trainer,
dat blood did on ya
run like water go through strainer?

Yuh tink dem a go remain silent forever
an no get a insight into dem vision
dat two polly lizard an two silver ticks
doan add up to politricks?
Fi dem stop live an fret
an havin regret
like dem life set
pon recalculated step?

Dis-ya soun a murderer,
it cyaan go no furtherer.
de wretched of de eart
goin go meck de downpressor
nyam dirt!

It a Come

It a come
fire a go bun
blood a go run
No care how yuh teck it
some haffi regret it

Yuh coulda vex till yuh blue
I a reveal it to you
dat cut-eye cut-eye cyaan
cut dis-ya reality in two

It a come
fire a go bun
blood a go run
it goin go teck you
it goin go teck you

so Maggie Thatcher
yuh better watch ya
yuh goin go meet yuh Waterloo
yuh can stay deh a screw
I a subpoena you
from de little fella
call Nelson Mandela
who goin tun a martyr
fi yuh stop support
de blood-suckin I
call apartheid

for it a come
blood a go run
it goin go teck you
it goin go teck you

an if yuh inna yuh mansion
a get some passion
it goin go bus out in deh
like a fusion bomb
it a swell up ina de groun
an yuh cyaan hold it back
yuh haffi subscribe to it
or feel it

an no bodder run to no politician
for im cyaan bribe dus-ya one
an no bodder teck it fi joke
yuh no see wha happen to de Pope

It a come
fire a go bun
blood a go run
it goin go teck you
it goin go teck you

Some goin go call it awareness
an we goin go celebrate it wid firmness
Odders goin go call it revolution
But I prefer liberation

Fi de oppressed an de dispossessed
who has been restless
a full time dem get some rest

for it a come
fire a go bun
blood a go run
it goin go teck you
it goin go teck you

not only fi I
but fi you too

Me Feel it, Yuh See

Me feel it, yuh see,
fi see so much yout out deh
under such a hell of a strain
till dem don't even know dem name.
Dem out deh, nuffer dan cigarette butt,
out a luck a look fi wuk,
tinkin dat freedom is a senseless dream,
an grip wid such feelin of hostility
dem woulda strangle a dawg fi get a bone
an devalue dem dignity.

Me feel it, yuh see,
fi see dat inna dis-ya concrete jungle
de yout no got nuttin to relate to.
Some tryin fi get close to Babylon
to pay dem rent
but de system
han down a crucial kind a judgement.
An tears will not satisfy I
to preserve a democrisy
whereby youtful lives pay de penalty
for politicians' irresponsibility
while dem intellectual pen dragon
a justify de dutty currydunction
dat I live pon like a little mampala man.

Me feel it, yuh see,
fi see dat dem twis justice an equality
till it no address I-an-I reality,
dat when yuh teck a stock

big man haffi a run back
fi hanker pon im ole-lady frock,
fi ketch up im stomach
dat stretch out like a hammock.

Me feel it, yuh see,
but anytime yuh see
de yout-man-dem stumble
doan tink dem fall.
Watch out!
Dem a plan fi meck yuh bawl!

Sunday A Come

Sometime a siddung
wid me heart full up an me face wet up
for is a shame when yuh mumma breast wither up
an yuh waan cry an yuh cyaan bawl
for darkness between yuh world an yuh skin

but a like how yuh scratch dem drum
fi know yuh name an whe yu come from
for dat note is a long note
too long fi I sing it straight

but de yout dem a talk a different talk
dem a multiply dem step an dem a look inna de sun
an dem naw tun back
dem allergic to de scene

    One an twenty
    Two an twenty
    Sweat an dry
    Pocket empty

an dem naw line up
digging dem dreams from no asphalted street
wid no swollen mout an no blistered feet

so meck yuh tun me life pon me head
meck me go walk

so meck me walk
like a me did bun
like a me did a bun
bun down Cross Road
bun down Cross Road

A doan like tell story
for dat note is a long note
too long fi I tell it straight
but a goin walk pon me blistered feet
sing louder dan de abeng
through me swollen mout
an stan firm
wid me puppa holograph
drench in blood

Sunday a come

Give Me Little Dub Music

Give me little dub music
right ya so
tonight

Give me little dub music
right ya so
tonight

A have dis haunted feelin
so meck we bat een
an ketch a reasonin

No bodder talk bout anyting too tough
Skip de usual stuff
dat yuh out a luck
a look fi wuk
an meck we seat up

We no mourners
We naw go watch weself
go down de road
like witherin flowers

An jus
give me little dub music
right ya so
tonight

Give me little dub music
right ya so
tonight

For we search we head an we heart
down to we very soul
an we still waan something else fi hold
We naw go stop
an come off a Brutas Pass
We waan someting
dat will last

An de more dis-ya system-ya squeeze we
fire boun fi gush outa we

So jus excuse me
an give me pass
an meck a chat to yuh boss
for im a rock out me
for im a rock out me
me rass

fi jus
give me little dub music
right ya so
tonight

Give me little dub music
right ya so
tonight

dat anytime we have a power cut
a no lies an deceit an hypocrisy
full up I-man gut

So jus
give me little dub music
right ya so
tonight

Give me little dub music
right ya so
tonight

Man a Chat

Everywhere yuh go
yuh hear a man chat bout gunshot,
yuh hear who get drop
an who still a face de sun-hot.

Everywhere yuh go
yuh hear dis one well set
while im frien a live an fret.
Yuh better tink twice
before yuh tell a man bout sacrifice,
a strickly cash dem a defen.
Yuh no see how dem a run it,
dat by de time yuh reach roun de ben
a man deh pon spot
fi sell yuh Half Way Tree clock,
an if yuh teck too long fi meck up yuh mind
yuh haffi go pay im interes fi im time?

Everywhere yuh go
man a look it,
it get so crabbit
dat who cyaan teck it
deh pon de street
a fall in love wid rubbish heap.

De system a mash up dem straight line,
dat not even *yuh*
no notice de time.
It cyaan go so.
Is dis de livity of dem democracy

whereby it work out to be a catch-i shoob-i,
progress strickly mean fi-I address?

Yes? Well a trap did set.
Tell I how much yuh did get.

Meck Dem Know How Yuh Feel

Meck dem know how yuh feel
fi siddung deh so long,
an a no you one de pressure a teck.
Down to de yout-dem inna Brixton
stop sing glory to Englan,
for not even a laugh
can come outa dem heart
de way dem desperate
fi sinting fi nyam.

Meck dem know dat bull inna pen
waan fi come out
fi go chat wid im frien
an backward dem wid dem
mock-ritual-of-poverty chat
dat dem hold we wid
when election pop.
Dem tink we doan know,
meck dem galang so.

Dem tink we figet Vietnam
when we did jump an shout
dat dem fi drive dose barbarians out
an never realize dat dem a human
dat have a burnin desire fi free
like any odder man.

Meck dem know how yuh feel,
an no bodder come to me
come look sympathy,

for friendly understandin
is not de solution.
We waan answer, or else
dis-ya civilization ya
cyaan go no further.

OKU ONUORA

Reflection

Wall slogans
scrawled
in dred
burnt-out houses
tell tales
of terrible nights
guns
spitting lead
people sprawled
dead
mirrored in blood-
shot eyes

The City at Night

the city
at night
is quiet
but not
dead
through its streets
tread women
scantily dressed
provokin minds
to purchase
pleasures of the flesh
in shadows
lurk men
meditatin
perpetratin evils
behind
closed doors
blood
less murders
are committed
wretched creatures
howl
prayers are uttered
in
to infinity

the city
at night
is quiet
but not
dead

Dread Times

earth a blaze
man a rage
man haffi live inna shanty
food an clothes skanty
cost a livin get so high
man haffi a shoppin wid im eye
dem ya days nat even rain
waan fall from sky
man bruk
man waan wuk
man a fret
man don't know wey
de next meal a come from yet
every tun man mek
trouble set
de way tings a run
tomorrow man good fi don't even
si de sun
de whole scene red
time dred

A *Slum Dweller Declares*

wi waan
fi free
free from misery
wi waan
fi live
like humanbeing
wi nu mean
fi live
pon dump
mongs
dead dawg
an fly
an haffi a fight
johncrow from sky
fi get food fi nyam
wi waan
fi live
like any adda man
yu believe wi com ya willinly?
yu believe wi waan
wi pickney dem fi grow up
inna place worse dan hag pen?
wi waan
fi live
like humanbeing ...

Bwoy!

bwoy!
de sight a de washy lookin pickney dem
a play inna place worse dan hag pen
an de look a hunga inna dem eye
mek mi cry
de sight a de sista dem
a ketch men
mek mi clench mi fist
an bit mi lip
lard! what is dis?
when mi trod down de street
every youth mi meet
a bawl bout poverty
an police brutality
when mi look an si
de ole heapa mad people
wey a roam de street
an de olda head dem
pon side walk a beg
an de amount of youth
inna de prison dem
mi haffi ask
a wey dis ya society ya a defen?

Echo

fi i de ghetto youth
it kinda cute
all day i trod earth
a look fi work
till i shoes sole wear down
an i foot a touch de groun
wey i live fa   eh?
a nu sey i nu have nu faith
bus dis ya sufferation ya
a whole heapa weight
sufferin unda dis ya sun
i a tell yu is nu fun
curfew
baton lick
tear gas
gun shat
jail
no bail
dats de lot i haffi bear
fi i de ghetto youth
it kinda cute
trod earth
look fi work
shoes sole wear down
foot a touch di groun
wey i a live fa   eh?
a nu sey i nu have nu faith
but dis ya sufferation ya
a whole heapa weight.

Tin Line

standin
on de corna
nat well dress
wandain
weh anada
meal ago
come fram nex
wen
dung
com
babylan
dem ask
weh yuh name
weh yuh com fram
weh yuh ado yah
before yuh can ansa
yuh kiss cole concrete
an feel batten lick
an kick . . .

fi de yout
a de ghetto
dere's a tin line
between
freedom   an jail

Poem
(for D.F.)

'In painting you capture movements, feeling, atmosphere.
And this is also what dance is about.'

— Denise Francis

blak body
mo   vin
caressin soun
tellin of then
& now
    glory to be
blak body
mo   vin
twistin
turnin
    stirin blud
blak body
mo   vin
mooovin
teasin
    rousin pride
blak body
mo   vin
mooovin sen/su/ous/ly
before eyes
into mind
through space

& time
paint lov
& freeeeeee
       dom

No Poet

I am no poet
    no poet
I am just a voice
I echo the people's
    thought
    laughter
    cry
    sigh ...
I am no poet
    no poet
I am just a voice ...

MUTABARUKA

Call Me No Poet or Nothin Like That

i shall not never
write for lovers or
dream makers
                              lilies
and moon shine romance
                              never
unless   they are   me
free
i have no time
there are police beatin
brothers for bein themselves
runnin around in streets
                              7 o'clock
what?

call me no poet
or nothin like that

poems are for lovers
and actors
poems are for joy
and laugh/ter

shakespeare/milton/chaucer
still drenchin
the souls of black folks
tryin to integrate
in my life   your life

poems   poems   poems
and we're still shitin in pit toilets
. . . runin up and down
whistlin . . . nothin
be wise
and realize
there must be no poets
recitin, recit- about
                    snow

where?
jones town?
trench town?
poems
cannot heal
feel
batons and bullets . . . and
die away poetry

call me no poet or nothin like that

whores in new kingston
man with molotov
babies dyin
rastas wantin to be free
no poems no poems
please
poets get black . . . back
black poets m o v e
this is no time to be dramatic
about abortion/food shortage
tax increase   life
shake speare must lay   dead
f o r e v e r

no recitals
no recitin
no poems
no poems

p
l
e
a
s
e

Nursery Rhyme Lament

first time
jack & jill
used to run up de hill everyday
now dem get pipe ... an
water rate increase

everyday dem woulda
reincarnate humpty dumpty
fe fall off de wall

little bwoy blue
who loved to blow im horn
to de sheep in de meadow: little bwoy blue
grow up now ... an
de sheep dem get curried
in a little cold suppa shop down de street

yu rememba when man was a ponder fe guh moon?
yet dem did 'ave de cat
fe play fiddle
so dat de cow coulda jump over it
every full moon ... an
lite bill increase

den dere was
de ol' woman
who neva went to nuh fambly plannin clinic
she used to live someweh dung
back-o-wall inna one lef'-foot shoe
back-o-wall in fashion now ... and
she move

jack sprat . . . ah, yes, jack sprat
who couldn't stand fat: im start eat it now . . . but
im son a vegetarian . . . 'cause
meat scarce

little bo-peep who lost 'ar sheep . . . went out
to look fe dem
an find instead a politician . . . an
is now livin in beverly hills

mary
(yu know 'ar . . . she had a white lamb)
well, she saw bo-peep
an decide she woulda give 'ar lamb
to cinderella godmother fe
change im colour to black
before midday . . . an
society grow

little jack
rememba im?
im use fe siddung a de corna
a king st. & barry st.
de adda day im put im thumb
inn im mout' . . . an
vomit . . . while
tom tom was stealin a woman wig
im fall inna jack vomit . . . an
bruk im friggin neck

tom   tom   fada, de pied piper
turn pro now . . . an
stop blow to rats
but realize seh
nu rat neva falla im dung de rivva . . . an

im dead 'cause de clock strike 1.30 . . . an
nuh mouse neva run down
                    tic   toc   tic
first time
man use fe love dem
but dis is not de time fe dem . . . cause
dem deh days done

. . . an wi write . . .

The Outcry

to walk the streets paved with blood
                                                    mud
mixed with sweat and tears
                                        years
of dreams to materialize
                                        wise
man
            seekin new plan
                                    upsettin
babylon.
gone above babylon infinity
new martyrs found 'mong so-called madness
                                                    of the city
                                                                pity
babylon can't see
                            free
                              I
Ras Tafari
herbs smell
                    tell
linkin man
to become one
why cry?
bring down from sky
                                    gods to die
big samfie: lie
they talk of cultures
                                vultures
takin to turn
                    yearn

39

for truths
                    roots
look cute
                    on youths
comin back to wash
                    must crash
                                        now
how?
educate
        to emancipate
talk of freedom
                    some . . .
will come.
togetherness
                    yes
leave west
                    east best
unite and fight
                                        sight
JAH light . . . it right
                    mighty might

Wailin

juke box play
... an' 'stir it up'
in de ghetto
yout'man
       'run fe cova'
hot
hot
    hotter
'curfew' in a trench town
gun a blaze:
         crack
'trench town rock'

juke box playin
... 'an wi sayin
'long time wi nuh 'ave nuh nice time'
yout'man
     watch yu step
mek-kase   stop
           'screwface'
'lively up yuself'
an' 'come reason now'
yout'man
     watch yu ways
'simma down'
        stop frown

play music
play in a 'mellow mood'
     music is food

in de ghetto
yout'man
        spread out
        stop bungle
inna 'concrete jungle'
        watch it
in de ghetto
hot
    . . . hippies smokin pot?
wha dat?
yout'man
        throw wey de
molotov bomb
oppressa-man
                man vex
who yu gwine shoot nex?
hey you big tree
                    'small axe'
ready

Revolutionary Poets

revolutionary poets
'ave become entertainers
babblin out angry words
about
      ghetto yout'
bein shot down
guns an' bombs
      yes
revolutionary words bein
digested with
      bubble gums
      popcorn an
      ice cream
in tall inter conti nental
                buildins

revolutionary poets
'ave become entertainers
oppressors recitin about   oppressors
oppressin the oppressors
           where are the oppressed?

revolutionary poets
'ave become entertainers
sippin coffee an   tea
explainin what it's like
to be   down   town
aroun' twn
up   twn   dancin   to
            bee   gees

gettin night fever
while the
salvation army is still leadin the
                    revolution

revolutionary poets
'ave become entertainers
revoltin against change
that's takin place
in their heads
while old ladies an   others
are shot down dead
                    can't write about that
yes
revolutionary poets
'ave all gone to the
creative art centre
to watch
the sufferin
of the people
bein dram at ized by the
oppressors
          in their
                    revolutionary
                              poems.

44

JEAN 'BINTA' BREEZE

warner

Thunder shattered dreams
lightning struck the vision
an de sky mek up it face
far over de distant mountain
ginger root dry up
an de needle dem fly
come hitch up on de clothesline
Madda head wrap
eena a red blood turban
inch measure roun er waist
two lead pencil
sharpen to teet point
an Natty let out a scream
from under the moon
im chantin Death
to all black and white
dungpressor

an de baby madda
clamp dung pon er stomach muscle
lack er foot tight
fah Herod sword nah come een tonight
an river nah rush no more

Madda tek pickney by de han
an de cymbal dem start sing
she sayin I
I come to bring a warnin

fah de Lawd Gad say to tell you
dat de day of your sins is upon you
dat de day of tribulation is nigh
an de Lawd Gad say to tell you
to hearken
hearken to de people dem voice
fah dem rod shall lay open de mountain
and de river
de river shall run dry

den she tun two roll
an disappear
eena de fiery chariot
wid Elijah
jus as Natty step aff de hillside
an im nah smile
nah sey peace an love no more
im look straight into the burning sun
an sey Fire an Brimstone
just wen de people start listen
one big foreign Chevrolet
drive up and tek im een
an one lef in de hills a wail
sey where is im ital queen

an de baby madda
wid de heart dem a push out troo er mout
more prick unda er skin fi flush er out
kean talk
        fah if de riva mumma die
                if de riva mumma die
who shall cure de pain

an down in de bagasse
Papa Basi a chop wid im cutlass
an dem burn de sugar out a cane
so it no scratch
an him, im can't even scratch a living
an de cock a cry, de cock a cry
raaaaaas
i an i ah feel it i
still, we singing as we swinging an we ringing for
                redemption
but a pure confusion deh
raving and a ranting an a chanting revolution
but a pure confusion deh

eena mi corner

a skengeh
a skengeh
a skengeh pon some chords
eena mi corner
a skengeh pon some chords
eena mi corner
wen boops!
up pap a likkle horner
eena mi furdes corner
jus a
jus a
jus a stretch mi diaphragm
breed een
breed out
breedin easy
jus wen
jus wen
mi a leggo mi laas craas
im jus a
im jus a
a eh i oh oooh
im way troo
de mos complex part
a mi lunar system
dat all wen mi know
im move awn
gawn tune een pon a nex station
mi radio
still ah
still ah
still ah crackle

so mi haffi
mi haffi
mi haffi jus
checka
checka
checka iya iya ites iyah
an jus
flip a switch
tun mi receiva
to transmitta
checkin anadda one
wanderin troo
de sonic boom of a bassline
but wen mi see seh
dis one a forward
pon de same riddym station
breed een
breed out
mi memba
how it easy
cho
mi haffi
mi haffi
mi haffi jus

check out

now me one
me jus a
skengeh
skengeh
me jus a
skengeh
pon some chords
eena mi corner

arisings
(for youths of Azania)

mi madda did fine
wid a likkle roots wine
jus a satta like a vine
pon a tree trunk
while mi faada
young an cute
did jus a play im bamboo flute
an watch im likkle yout
learn fi run

an den dem shatta it

now it come een like a dream
mongs mi people dem scream

an dem sen mi gawn a mission
fi get a education
an teacha bus mi finga
wid a ruler
every time mi ask er bout a
schola-
ship
free passage troo de oceans of time
ah did waan come check out dem mind
fi see how dem conquer troo crime
but
teacher sey ah lookin too high
ongle heaven is up in de sky
an wat ah should become
is a farmer

ah sey
but dat is wat mi faada was
an im did happy
til yuh stappi
an yuh suck wi lan dry
an spit eena wi yeye
like is concentration camp yuh waan sen wi

teacher sey
tun to yuh history book
an let mi tell yuh bout Captain Cook
so mi step outa de class
before she tek mi tun ass
a fi mi people pon de crass
an bomb a shatta glass
mi madda feel i
mi faada tek it
an doan teacher sey mi come from de ape
mi a mash it in guerrilla style
mi a flash it in guerrilla style

so mi start a posse pon mi likkle corner
wi start as watch-one fi wi likkle area
wi ban all shoppers fi dem products awn yah
wi discipline wi sista an wi bredda
we tun de revolution teacher
an wi warn all de forces of oppression
dat we, de yout, nah go stop till it done
we yout a go fight
wah fi come wi haffi come
so please
no badda sen wi no toy gun
from Santa
fah wi fighting wid de real ting awn yah

dem put wi to de test
an dem fine we nah jest
fighting wid de real ting awn yah
fah

doan mi madda did fine
wid a likkle roots wine
jus a satta like a vine
pon a tree trunk

wen mi faada
young an cute
did jus a play im bamboo flute
an watch im likkle yout
try fi run

an nuh dem shatta it . . .

ordinary mawning

it wasn't dat de day did start out bad
or dat no early mawning dream
did swing mi foot
aff de wrong side of de bed

it wasn't dat de cold floor
mek mi sneeze
an mi nose start run wid misery
wasn't a hangover headache
mawning
or a worry rising mawning

de sun did a shine same way
an a cool breeze
jus a brush een aff de sea
an de mawning news
was jus de same as ever
two shot dead
truck lick one
Israel still a bruk up
Palestine
an Botha still have de whole world han
twist back a dem

no
it wasn't de day dat start out bad
wasn't even pre m t
or post m t
was jus anadda ordinary get up

get de children reading fi school
mawning
anadda what to cook fah dinna dis evening
mawning
anadda wish me never did breed but Lawd
mi love dem mawning
jus anadda wanda if ah should a
tek up back wid dis man it would a
ease de situation mawning

no
it wasn't no duppy frighten mi
mek mi jump outa mi sleep
eena bad mood
nor no neighbour bring first quarrel
to mi door
wasn't de price rise pon bus fare
an milk an sugar

was jus anadda
same way mawning
anadda clean up de mess
after dem let mawning
a perfectly ordinary
mawning of a perfectly
ordinary day
trying to see a way
out

so it did hard fi understand
why de ordinary sight of
mi own frock
heng up pon line

wid some clothespin
should a stop mi from do nutten
but jus
bawl

riddym ravings
(the mad woman's poem)

de fus time dem kar me go a Bellevue
was fit di dactar an de lan lord operate
an tek de radio outa mi head
troo dem seize de bed
weh did a gi mi cancer
an mek mi talk to nobady
ah di same night wen dem trow mi out fi no pay de rent
mi haffi sleep outa door wid de Channel One riddym box
an de D.J. fly up eena mi head
mi hear im a play seh

Eh, Eh,
no feel no way
town is a place dat ah really kean stay
dem kudda – ribbit mi han
eh – ribbit mi toe
mi waan go a country go look mango

fah wen hungry mek King St pavement
bubble an dally in front a mi yeye
an mi foot start wanda falla fly
to de garbage pan eena de chinaman backlat
dem nearly chap aff mi han eena de butcha snap
fi de piece a ratten poke
ah de same time de mawga gal in front a mi
drap de laas piece a ripe banana
an mi – ben dung – pick i up – an nyam i
a dat time dem grab mi an kar mi back a Bellevue
dis time de dactar an de lanlord operate

an tek de radio plug outa mi head
den sen mi out, seh mi alright
but – as ah ketch back outa street
ah push een back de plug
an ah hear mi D.J. still a play, seh

Eh, Eh,
no feel no way
town is a place dat ah really kean stay
dem kudda – ribbit mi han
eh – ribbit mi toe
mi waan go a country go look mango

Ha Haah . . . Haa

wen mi fus come a town
mi use to tell everybady 'mawnin'
but as de likkle rosiness gawn outa mi face
nobady nah ansa mi
silence tun rags roun mi bady
in de mids a all de dead people dem
a bawl bout de caast of livin
an a ongle one ting tap mi tram go stark raving mad
a wen mi siddung eena Parade
a tear up newspaper fi talk to
sometime dem roll up
an tun eena one a Uncle But sweet saaf
yellow heart breadfruit
wid piece a roas saalfish side a i
an if likkle rain jus fall
mi get cocanat rundung fi eat i wid
same place side a weh de country bus dem pull out
an sometime mi a try board de bus
an de canductor bwoy a halla out seh

57

'dutty gal, kum affa de bus'
ah troo im no hear de riddym eena mi head
same as de tape weh de bus driva a play, seh

Eh, Eh,
no feel no way
town is a place dat ah really kean stay
dem kudda – ribbit mi han
eh – ribbit mi toe
mi waan go a country go look mango
so country bus, ah beg yuh
tek mi home
to de place, where I belang

an di dutty bway jus run mi aff
Well, dis mawnin, mi start out pon Spanish Town Road,
fah mi deh go walk go home a country
fah my granny use to tell mi how she walk tram wes
come a town
come sell food
an wi waan ketch home befo dem put de price pon i'
but me kean go home dutty?
fah mi parents dem did sen mi out clean
Ah!
see wan stanpipe deh!
so mi strip aff all de crocus bag dem
an scrub unda mi armpit
fah mi hear de two mawga gal dem laas nite
a laugh an seh
who kudda breed smaddy like me?
a troo dem no-know seh a pure nice man
weh drive car an have gun
visit my piazza all dem four o'clock a mawnin
no de likkle dutty bwoy dem weh mi see dem a go home wid

but as mi feel de clear water pon mi bady
no grab dem grab mi
an is back eena Bellevue dem kar mi
seh mi mad an a bade naked a street
well dis time de dactar an de lanlord operate
an dem tek de whole radio tram outa mi head
but wen dem tink seh mi unda chloroform
dem put i dung careless
an wen dem gawn
mi tek de radio
an mi push i up eena mi belly
fi keep de baby company
fah even if mi nuh mek i
me waan my baby know dis yah riddym yah
tram before she bawn
hear de D.J. a play, seh

Eh, Eh,
no feel no way
town is a place dat ah really kean stay
dem kudda – ribbit mi han
eh – ribbit mi toe
mi waan go a country go look mango

an same time
de dactar an de lanlord
trigger de electric shack
an mi hear de D.J. vice bawl out, seh

Murther
Pull up Missa Operator!

Testament

sing girl
sing
dere's more to you
dan skin

my fingers witlow
form years of cleaning corners
where brush an dustpan
couldn' reach
same han
use to plait yuh hair
wid pride
oil it thickness
wid hope an dreams
tie it up wid ribbons
of some rainbow future

mi apron was a canvas
all de greases
 from rubbin down all yuh bodies
an cooking plenty greens
ah use to smell it
before ah roll it up
tek it to de laundry
smell de acition a mi days
de sweat a mi action
mekking likkle time
fi yuh all
an yuh fadda
mekking time

fi a likkle formal prayer
to de heavens
fah dese days ah fine

every thought is a prayer
dat de pot won't bwoil over
while ah pull myself upstairs
to scrub de bath
dat de cooker
won't start play up
an de smell a gas
come leaking troo
dat someting teacha sey
would register
an yuh all could see a way
to stretch yuh brain
an move yuh han
pass idleness
to de honour a yuh work

ah can feel it
now yuh gettin older
steppin pass my likkle learning
dat yuh tink ah stupid
ah see how yuh fadda
embarrass yuh frens
wid im smell a oil
from de London trains
so yuh now stop bringing dem home

ah don't talk to yuh much no more
outside de hoyse
ah never did have time
to soun de soun

a de madda tongue
or mek mi way wid ease
troo dem drawing room
but in yuh goings girl
don't mind we curry smell

we memories of back home
we regular Sunday church
in de back a de local hall
we is jus wat we is
watching you grow
into dis place
an ah want yuh to know
dis is yuh own
we done bleed fi it
yuh born here
in de shadow a Big Ben
im strike one
as de waters break
an you come rushing troo

ah don't move fast as yuh
is nat mi duty to
an de cole does bad tings
to mi knee
I is ole tree girl
rough outside
wid years of breaking bark
feeling de damp
yuh is seed
burstin new groun

so sing girl
sing

dere's more to you
dan skin

ah see yuh turn weh
anytime yuh see mi wrinkled han
an at my age
ah really kean worry
who ah belch in front a
an if ah see someting good
in a skip
ah know it embarrass yuh
wen ah tek it out
but in dis place
dem trow weh nuff good tings
an waste is someting
drill out a me
from young
we had to save weself
from a shoestring
to a likkle lef over
an yuh know
how ah keep all yuh tongue sweet
wen ah tun mi han
to mek something special
out a nutten

ah nat trying to mek yuh feel sorry
believe me
ah just want yuh to understan
dat we come as far as we can
an we try to arm yuh
wid all de tings
dat in fi we small way
we could see dat yuh might need

ah nat telling yuh look roun
jus

sing girl sing
dere's more to you
dan skin

yuh grandmadda

was Nana
mountain strong
fighting pon er piece a lan
she plant er corn
one one
two two
in likkle pool a dirt
between hard cockpit stone
reap big ears
er grata was sharp
use to talk dry corn
to flour
needed for de trail
de long hard journey
carving out somewhere
jus like we come here
we cone pay de dues
but don't tink nobody
owe yuh nutten
jus stan yuh groun
is yuh born lan
yuh navel string cut yah

so sing girl sing
dere's more to you
dan skin

one last dub

dis is one time dat de
message laas
to de constant bubblin
      of de riddim below
      de waisline
fah people packet did lang time
      absalete
cep fi few crumbs   cockroach
      couldn't reach
      so if yuh could jus tease
      mi wid a riddim
fi fling up wi distress   eena
      dance hall style
      fah eberyting   still runnin
wile
before de shat let aff
mek we   bruk
      in dis likkle corner
      wid we back
      tight
      agains de wall
          Lawd!
ah should go to church
tomorrow
      but ah want de harves happen right
      eena mi own yaad
an Gad know
to how de pot empty a ile
mutten wouldn't spwile
but   fah tinite, sweet jesas,

ah gwine let go to de pulsin beat
below de belt
is where de shitstim hit we
all de time
truut is truut
an nuff fly bus a dance
but baas
no ride no haas craas
we hold de whip
we hold de beat
right yah so
which paat yuh put it

an riddim nuh partial, baas,
no
riddim no partial

Ratoon

it's the eyes that haunt me most

young men
grown old
too quickly

last sugar stick
surrounded by dry leaves
no water reaches roots

the eyes
forced ripe
and plucked
long before the coming

some deep worm
now growing old
a rubbed out reddening
of old age
with nothing

there are no pensions here
and careless days
in cane passion
don't outlast a dewdrop
in this heat

and the eyes
sunken now
and blinded with
dead dreams

the wind laughs
a dry sound
of parched stones
in the bed

where waters once
cooled desire
smoke rises
out a chestful
of gravel

one with fire
we perspire
to our loss
clutch the tales
of rags to riches
somewhere
over Lotto's horizon
replant me Lord
and send a visa come

but even that needs youth
to be cut down
and the joints
now withering
spirit burning
flesh done

any growth is singed
by want of rum

asked for one more smiling
to the sun

can cracks

these eyes cannot lie
about the heart

already
all around
the next ratoon
is coming

old cane eyes
burnt out
watching them
unspeaking

rising in their heat

I Jonah

Ah have to be here, Lawd,
a likkle wile longer

the call came
untimely

I nat ready, Lawd,
is a hard step
cross river Jordan
cross de sea
cross any water

I listening
keen
head still
like a green lizard
on dis trunk a land
not looking for no stone

is de word dat lik mi
in mi head
twis mi
like a serpent
drap mi aff di mountain
into sea

an de whale did
        de whale did
                de whale did
                        de res

I Jonah
sayin, Lawd,
doan sen mi dere
I happy here
an de word
comin at mi
over an over again
an de chant rock steady
like so many distant drum

      never get weary yet
      never get weary yet
      down in de valley
      for a very lang time
      never get weary yet

I Jonah
caught up in de miracle
of flight
landin on a distant shore
an word flyin
lef, right, an centre
like a warner woman in de market
writhing with the power
in a breath

but, Lawd,
is nat mi spirit at all
to chant destruction

      touch dem one by one
      gal an bwoy
      dis time a no play we a play
      gal an bwoy

71

　　　　pointer gawn astray
　　　　gal an bwoy
　　　　which voice hold de sway
　　　　gal an bwoy

I Jonah
used
by a gift of faith
exercised on impulse
spent
retreating
into a babylin hollow
by de sea
back
to any angry mountain
not sure
anymore
which coast is Nineveh

The arrival of Brighteye

My mommy gone over de ocean
My mommy gone over de sea
she gawn dere to work for some money
an den she gawn sen back for me

one year
two year
tree year gawn

four year
five year
soon six year come

granny seh it don't matter
but supposin I forget her
Blinky Blinky, one two tree
Blinky Blinky, remember me

Mommy sen dis dress fah ma seventh birthday. Ah born de day before chrismas, an she sen de shoes and de hat to match.

Ah wear it dat very chrismas Sunday, an wen ah come out into de square, on de way to chuch wid Granny, all de ole man dem laughing and chanting

Brighteye Brighteye
red white an blue
Brighteye Brighteye
yuh pretty fi true

73

an Granny seh don't walk so boasy, mind ah buk up mi toe an fall down an tear up de dress pon rockstone because she going to fold it up an wrap it up back in de crepe paper wid two camphor ball an put it back in de suitcase, dis very evening, as soon as ah tek it aff, put it back in de suitcase dat ah going to carry to Englan.

Crass de sea, girl, yuh going crass de sea, an a likkle water fall from Granny eye which mek er cross an she shake mi ha naff er dress where ah was holding on to make sure dat ah don't fall down for de shoes hard to walk in on rockstone, an she wipe er eye wid er kerchief.

An ah looking up in Granny face, ah know Granny face good. She say is me an mi madda an grampa put all de lines in it, an ah wondering which lines is mine, an ah tinking how Granny face look wen sun shine an de flowers bloom, an wen rain full up de water barrel, an wen drought an de bean tree dead, an wen Grampa bus a rude joke, ah know Granny face but now she wipe er eye an lock up er face tight, an ah feel someting tight lack up in my troat, fah ah can't remember mi madda face, ah can't remember mi madda face at all.

*

An all de time after dat, Granny finger in de silver thimble, flashing, sewing awn de red, white an blue lace she buy at market, sewing it awn to de church hat to mek pretty bonnet to go wid de dress She say ah mus put awn de whole outfit when ah reach, so mi madda can see how ah pretty, an how she tek good care of mi, an she pack de cod liver oil pill dem in mi bag an say memba to tek one every day on de boat so mi skin would still shine when ah reach, an when we leaving de village in de mawning all de ole man dem singing

74

Brighteye, Brighteye
going crass de sea
Brighteye, Brighteye
madda sen fi she
Brighteye, Brighteye
yuh gwine remember we?

an de children, playing ring game an clapping

Row, row, row your boat
gently down the stream
merrily, merrily, merrily, merrily
life is but a dream

an de bus to town, an Granny crying, an de boat, an de woman dat Granny put mi in de charge of, an day an night, day an night, an it getting cole, all de way, in a dream, to Englan.

Ah dress up yuh see, de day dat we arrive, an all de boasiness dat Granny warn mi about come back wen ah dress up, an de shoes don't fit so good now, but ah wearing dem. An ah tink me madda going to be dere to meet de boat so ah looking hard, ah looking hard, for Granny say cod liver oil pill good for eyesight to, so ah sure ah can see mi madda, way ova dere where people watching de boat, ah sure ah see mi madda for she have a big red white an blue umbrella. It mus be she for she mus know de colours dat ah wearing. Granny mus did write an tell her de colours dat ah wearing an ah pulling de lady han to come aff de boat an ah hoping no rockstone nat dere to walk on in de shoes, doah dey nat so pretty now for no sun nat shining, but dey still red, so mamma can't miss dem, an a pin mi eye to de red white an blue umbrella an ah pulling de lady dat way but she saying, 'no, no, we have to catch de train to London', but ah nat hearing her, for dat mus be my madda wid de big umbrella an we getting nearer an ah trying to look pretty an den a big breeze jus bus out a nowhere an de umbrella swell up an go inside out an tek aff like a ship an is a white white woman ... wid white white hair ... an is nat mi madda at all ... is dis white white woman ... wid white white hair ... an is nat mi madda ... is nat mi madda ... is nat mi madda at tall tall tall ... no ... is nat mi madda at tall ... an ... an ... an ... ah want to wee wee ... ah want to wee weee ... but in de sea ... ah want to wee wee ... but in de sea ah want to wee wee till all ah mi run out ... till all ah mi run out ... all de way back home ... all de way back home ... to my Granny.

> Take a train to Marylebone
> fish and chips, then come back home
> past Piccadilly Circus
> Trafalgar Square
> Pigeons flying up and down
>
> Pigeons everywhere
> sitting on an old man's head
> in Trafalgar Square

Ah never see mi Granny again, she die when ah was ten an Mommy never have de money for all of us to go home so she one did have to go for she had to make all de arrangements. An my brodder an sister dat born here, they didn't want to go because they never know Granny at all, an they likkle an playing all de time while ah crying to go wid mamma, an Daddy, ah call im dat but im wasn't mi fadda, my fadda did go do farm work in America an never come back, an Daddy married my mother when she come to Englan, an im get vex wid mi an ready to beat mi an say if im don't provide more for me dan Granny ever could, dat time im was working overtime wid de British rail an im eye red wid tiredness an im say troo me im can't sleep or res in peace, well, im resting in peace now, im dead in Englan an never get fi go home an raise cow like im was always talking about.

An from im dead, Mamma is nat de same, is like she living here but her spirit gawn back to Jamaica, an she nat so well, arthritis tek up her every joint an she always complaining bout de cold an de damp an singing bout going home, an now she finally going. An me, what ah going to do, ah don't belong here, but ah don't belong dere eider, ah don't remember nobody, an all who would remember me, dead or gawn.

An de children, ah jus can't leave de children, but mamma leaving me, she bring mi here an tell me is home but now she leaving me to go home, an she was mi home, from de day she meet mi off de train in Waterloo, by dat time ah was crying so much ah wasn't looking out fah mi madda face again . . . an suddenly ah hear a voice shout 'Brighteye' an is she, an she lif mi up and squeeze mi in her bosom, ah never see her face but ah remember de smell, rub up wid Vicks, an how her bosom feel, an now she leaving mi her wid de children an granchildren, but how ah going to hole up everyting, how I going to hole dem up, an she going home tomorrow, she say her work is over an she going home tomorrow, but ah jus want to be Brighteye again, as hard as it was it was easier dan dis burden, an where ah going to put my head now, when all de others resting theirs on me, where ah going to rest mine.

'Children! stop that noise downstairs!'

Well, ah better go down an show dem all de lines dey making in my face!

Ole Warrior

(on retirement from carnival)

I ain't coming out today ... no play, boy ...
I ain't coming out today
Ole warrior mus retire, boy
I ain't coming out today
Oh Gawd, is a hard, hard ting to say
never thought life would go this way

Jus de odder day
ah was coming dung, drunk and disorderly
Ah mek pan dance
Ah mek pan sway
heat beating in mi head
an de devil fork in front mi, thrusting
Ah had multiple prongs
could keep a track
of five, six, woman in de ban
widdout ever showing mi han
Ah could lime all night, all day
no injury time
no fall back
No, boy
Ah coming dung, drunk an disorderly
Dey sey look at dat boy
he really gone crazy
but de rum pulsing in de vein
young blood could take dat strain
so ah ain't coming out today ... no play, boy
I ain't coming out today

Seem like jus las week
Ah was playing it sweet
a litre in mi pocket
an a whistle in mi teet
an ah chipping like a axe man
up an dung de street

Move out de way, boy
Flag man, tell dem is I
an de way ah coming troo, yes
nuff sinner could die
cause today we ain't loitering
Yuh can't arrest we on de sus
dis name steel pan, boy
an mi trousis front bus

Ah full up wid de spirit
an steel beating in mi head
an if ah ketch de Queen a Englan
Ah fuck she till she dead
See, ah playing like yuh want mi
Ah black an two eye red
Ah savage an ah crazy
an ah coming dung pon yuh head
Ah ain't arguing wid yuh illusion
bout wat kind a man I be
Ah like de kine a role
Dat yuh history write for me
so shif out a mi way, boy
Black devil coming troo
dis is carnival, boy
an ah ain't playing it pretty like you
an de music have mi marching
dis blood vessel can't bus

dis steel pan hole no rus
But Devil god, he wicked
ah turn sixty today
an ah trying to get it up, boy
but de ole pump flat
de tire spare
dis ole man back
need a bench in de square
so I ain't coming out today, no play
I ain't coming out today
Ole warrior mus retire, boy
I ain't coming out, no way

An dem woman dem, dem know it
dey shake dey ass jus in front yuh nose
jus to let yuh sniff yuh past
so yuh could try to mek a pose
but I learn dat lesson de hard way, boy
I ain't turning mi head no more
No, I ain't looking back no more
so no woman backside could tell mi sweet
Dis gawn pass you, ole boy
Dis gawn
Ah bowing out wid some respect
Ah keeping mi head straight front
Let dem say is a elder he
is a ole warrior wid a crown
so I ain't coming out today ... no play, boy
I ain't coming out today
ole warrior mus retire
I ain't coming out, no way

De wife on holiday wid de children
so I get free up dis year
Ah mek mistake, tink is youth again
so ah coming dung troo de square
a bottle a Cockspur under mi arm
ah ain't feeling no wear and tear
Ah jam for an hour or so boy
before ah feel de crack in mi spine
an is jus pure pride keep mi standing dere
wen all dem woman start to wine
It get so bad, boy
ah nearly have to ask dem policeman
for some help
well, dat reduce mi to tears, boy
but is still early afternoon
an ah can't head home wen young boys start coming out
dey will see me an say 'he done'
so ah stand dere, eh, till night come dung
wen at least dey will say 'ole boy having fun'
but when de devil does call yuh home
is time to pay de fee
an is over de hill, an troo de park
wid a serious injury to mi knee
an de bottle a rum still unda mi arm
cause ah couldn't bus it today
an de moon troo de clouds
looking dung at me
wid pity, like de face a mi wife
Boy, dat was de story of mi life
an ah angry wid de settee
an de remote control to de TV
an ah well vex bad wid Classic FM
an wishing de wife an children at home
boy dat was never me

But de day does come
to leave de joys of hell
an de only pleasure dats left to me
is wen ah se dem young man
strutting troo
ah say, boy, dey on de road to me

So I ain't coming out today . . . no play, boy
I ain't coming out today
ole warrior mus retire
young blood mus find dem way
is a dance dat de devil design
when yuh young, he ain't give yuh no sign
so ah weaving home unsteady
Ah trying to whistle an rhyme
an ah reading bout growing   tomato
in dis damp and wintry clime
An ah praying dat wen ah finally end
dis journey dat some call life
de fires of hell will claim mi again
cause I gwine fuck de devil wife

The Wife of Bath Speaks in Brixton Market

My life is my own bible
wen it come to all de woes
in married life
fah since I reach twelve,
Tanks to Eternal Gawd,
is five husban I have
           (if dat is passible)
but all of dem was wort someting
in dem own way
doah dem say
dat troo Jesas only go to one weddin
in Canaan
we no suppose fi married
more dan once
but den again
dem say Im tell de Samaritan woman
by de well
dat doah she did have five husban
de laas one never count
      is wat Im mean by dat
      why jus de fif one lef out
      ow much she can have den
         four?
Im don't give no precise number
Well,
      people can argue it forever
      but me sure of one serious ting
      Im order we to sex and multiply

Im also say dat
>
> de man mus lef im madda an im fadda
> an cling to me
> but Im never say
> how many
> mi no hear no mention of bigamy
> or polygamy
> so why me or anyone
> should tink it is a crime

An wat about de wise king Soloman
look how much wife im tek, Lawd,
ah wish ah did have as much in bed as him!
God mus did give him some 'great' gif
No one alive did ever have such fun
But still
I will tank de Lawd
fah doah I have only five
I shall welcome de sixt one
wenever im choose to arrive
because I nat lacking up my foot at all
if one husban dead
anadda christian man will surely come
fah even de apostle say dat den mi free
to tek anadda man dat can please me
>
> bette to married dan to bun

Abraham, Joseph,
nuff adda holy man
did have nuff wife
Whey God forbid dat?
Yuh see no clear word?
Where Im ever order virginity?
>
> Dere is no such commandment!

is de apostle Paul come talk bout maidenhead

an him never qualify fi talk bout dat.
Im say a man may counsel a woman
but counselling is nat command
wat I do wid my body is my personal business
an if God did command virginity
nobady wouldn married
fah married woulda dead
an no more pickney wouldn born
so no new maindenhead.

How Paul him want to tek command
wen Jesas wouldn dweet
we all know pum pum is someting sweet
an nuff sword will falla it
Whoever, jus like de apostle,
want to do widdouten sex
is free to choose dat,
but wid we, no badda vex
fah if my husban wear out an im dead
you free to marry me
dat is nat bigamy
an to enjoy good sex
is nat a frailty
nat unless yuh decide, like Paul,
fi tek up chastity
because a man don't want pure gold pot
in im house
im want some mek wid good wood
as a spouse
an God did give we all a different gif
we choose wat we is suited for
everyone don't have to give up everyting fah Christ
Im neva aks we dat
dat is fah who want perfect peace

an you all know already
dat is nat me
I gwine mek de bes of all my years
fah dat is de joy an fruit of marriage
an why we have dese private parts so sweet
dem cyan jus mek so an don't put to use
except to piss
or tell man apart from woman
das wat you tink?
fram wat me feel already
dat could nat be so
a man mus give im wife er tings
Piss yes, an tell we apart
but wat pleasure dese instrument brings!

It's Good to Talk

When I called you up
I wasn't lonely
It was just the thought of sharing words with you
hearing you across the distant mountains
talking bout the silly things we do
no important message to deliver
no illness among family or friends
no funerals
no weddings
no baby's christening
no murder
no divorce
no baptisms
just thought we'd have a little idle gossip
like do you know that Johnny's selling crack
and Auntie Lou's not making no more pudding
cause she fall dung on de step
an hurt her back
Cousin Agnes gone to live eena Miami
an Clarice rent a spot an build a house
the primary school just get it first computer
an de Baptist church manse bun dung from de gas
well nothing else much happen to de road works
dem say de money run out and it stop
de MP withdraw from de next election
an Miss Amy build a room upstairs de shop
well with me you know that nothing really changing
a new man might pass through but not to stay
I like my life alone just independent
but ah glad yu marriage working out with Jay

stay well me chile, an don't let nothing bother you
everyone to dem own order, so John say
anywhere you go, chile
is the same creation
anywhere you go, chile
same way people stay.

Anthem for Black Britain

Great great grampa came by boat
from continent to island
great great granma, chain round troat
sold from de market stand
dat ocean crossing in the hold
like animal dat dem brand
barley left dem with a breath
or strength to raise a hand

yet we plant cane, weed can, cut cane
whether tired, hungry or in pain
and the mouths we sweetened in northern lands
never saw our scarred black hands
till war broke out and man was man
and any force could join them

so the first of us came in uniform
and fought for all man's freedom
knowing well from our own past
that slavery was lost wisdom

yet when the victory was assured
our warriors were forgotten
to fight that battle gave no right
for blacks to live in Britain

but soon the locals scorned old jobs
their lords had promised better
and so the invitation came
to let some ex-slaves enter

We came. We blackened Britain's face
a tide they could not turn back
Empire's twist they could not erase
history makes its own tracks

Now
Brixton
Mossside
Chapeltown
Handsworth
Toxteth
St Paul's
there's not a single corner left
we've broken down the walls

and what's a struggle from the start
the freezing coldness with no heart
the doors slammed in the face
the belief in a superior race
some of us turned the other cheek
but soon it was totally clear
this land was no place for the meek
the price of freedom was dear

and we cleaned in the dark and the cold
we built back the broken, the old
we slept all together in one single room
we brought our music to keep out the gloom
and we danced when we could
sang loud and ate good
wore bright colours to repel the grey doom

we sent for the children one by one
parents and cousins and sisters' sons
we would trow a likkle partner
and pay down on a hoyse
ignoring the neighbours
if their hatred was aroused
we let our children play out on the street
and shout and laugh loud when they meet
we kept them clean and sent them to school
knowing only education could break the harsh rule
we trusted the teachers and believed in the law
and our children, how they suffered, before we saw
that those in charge didn't care
even worse, they were racist and aware
so the young ones paid the price
while we worked hard for a slice
of the apple

from New Cross Fire to the Stephen Lawrence case
we can tell you all the stories about race
that after fifty years it's still not sure
you'll return safely through your own front door
yet we celebrate! we're multi-cultural
we turn out for the Notting Hill Carnival
with our language the speech of all the young
and our hit songs fixed on every tongue
red gold and green hints of high fashion
all the colour we have added to the nation
and the taxes we have paid
and the bricks we have laid
the many years we have stayed
bringing forward the black British generation

It's too late now to turn this tide
Britain is no longer white
we claim this land as the land of our birth
we claim our future and we know our worth
our treasures lie in your museums
while we get stopped by immigration
simply following our wealth to the north
watching Europe tighten up like a fort

Britain has a big part to play
it could show Europe the way
for the races to live in unity
to show that black and white does not mean enemy
my grandfather fought Hitler
he fought Mussolini

justice has no colour
freedom seeks no power
today must make a difference to tomorrow.

JAMES BERRY

Migrant in London

Sand under we feet long time.
Sea divided for we, you know,
how we turned stragglers to the Mecca.

An' in mi hangin' drape style
I cross worl' centre street, man.
An' busy traffic hoot horns.

I see Big Ben strike
the mark of my king town.
Pigeons come perch on mi shoulder,
roun' great Nelson feet

I stan' in the roar, man,
in a dream of whels
a-vibrate shadows.
I feel how wheels hurry in wheels.

I whisper, man you mek it.
You arrive.
Then sudden like, quite loud I say,
'Then whey you goin' sleep tenight?'

Lucy's Letter

Things harness me here. I long
for we labrish bad. Doors
not fixed open here.
No Leela either. No Cousin
Lil, Miss Lottie or Bro'-Uncle.
Dayclean doesn' have cockcrowin'.
Midmornin' doesn' bring
Cousin-Maa with her naseberry tray.
Afternoon doesn' give a ragged
Manwell, strung with fish
like bright leaves. Seven days
play same note in London, chile.
But Leela, money-rustle regular.

Me dear, I don' laugh now,
not'n' like we thunder claps
in darkness on verandah.
I turned a battery hen
in 'lectric light, day an' night.
No mood can touch one
mango season back at Yard.
At least though I did start
evening school once.
An' doctors free, chile.

London isn' like we
village dirt road, you know
Leela: it a parish
of a pasture-lan' what
grown crisscross streets,

an' they lie down to my door.
But I lock myself in.
I carry keys everywhere.
Life here's no open summer,
girl. But Sat'day mornin' don'
find me han' dry, don' find me face
a heavy cloud over the man.

An' though he still have
A weekend mind for bat'n'ball
he wash a dirty dish now, me dear.
It sweet him I on the Pill.
We get money for holidays
but there's no sun-hot
to enjoy cool breeze.

Leela, I really a sponge
you know, for traffic noise,
for work noise, for halfway
intentions, for halfway smiles,
for clockwatchin' an' col' weather.
I hope you don' think I gone
too fat when we meet.
I booked up to come an' soak
the children in daylight.

Sweet Word Dem

Yu tink mi a somtn fi eat
ow yu a-look pon mi so?

      Nobody di evva eat
      flame-tree bloom
      or try to swallah
      dazzle of de sun.

Yu full a sweet word dem.
Supposn mi is trouble?

      Modesty is always
      de sign
      of a generous heart.

If even I tell yu probly
mi sweetnis av a sting?

      If bees didn av sting
      dey wouldn a-keep
      any honey fi deyself.

Talk to mi again noh.
I like ow yu look.
I like ow yu show-off
wid what I cahn see.

      I goin walk wid yu now.

An I not goin call de police.

In-a Brixtan Markit

I walk in-a Brixtan markit,
believin I a respectable man,
you know. An wha happn?

Policeman come straight up
an search mi bag!
Man – straight to me.
Like them did a-wait fi me.
Come search mi bag, man.

Fi mi bag!
An wha them si in deh?
Two piece of yam, a dasheen,
a han a banana, a piece a pork
an mi lates Bob Marley.

Man all a suddn I feel
mi head nah fi me. This yah now
is when man kill somody, nah!

'Tony,' I sey, 'hol on. Hol on,
Tony. Dohn shove. Dohn shove.
Dohn move neidda fis, tongue
nor emotion. Battn down, Tony.
Battn down.' An, man, Tony win.

Two Black Labourers on a London Building Site

Been a train crash.
>Wha?
Yeh – tube crash.
>Who the driver?
Not a black man.
>Not a black man?
I check that firs.
>Thank Almighty God.
Bout thirty people dead.
>Thirty people dead?
Looks maybe more.
>Maybe more?
Maybe more.
>An a black man didn drive?
No. Black man didn drive.

Thinkin Loud-Loud

Yuh sen fo we to Englan, she sey.
Yu buy de house.
Yu buy de car.
We inside dohn roll fo food.
I expectin yu numba 6 child.
Why yu beatin out yu brain on books
wha tight like a rockstone?
Find teacher. Find teacher, she sey.

Gal, I sey, fifty year I walkin earth:
ow can I mek a teacher wise
ABC still a-puzzzle me?
Ow can I show we own boy an girl dem
words on me eye put up high wall?

She sey, yu sign yu name wid X.
Yu show no paperwork, but
yu av yu workins
wid pencil an paper in yu head.

Gal, I sey, dat worded page
is a spread of dead tings: insect dem
wha stares at me
doing notn sayin notn
but turn dark night
an bodda me an bodda me
fo dat time I hear print a-talk
like voices of we children.

I Am on Trial After Being
Juror on a Black Man

Fear, don't trouble me, don't
drag me down. I'll look around
this court and not surrender.
I mus burst up the bite
of knife-edge words.
I mus fence miself with fists.

All the same another
doomsday. Another time
of trapped feet walled up.

Another lot of captors.
Robots encircle me
with power of law
in priest robes,
in robes of angels
and the uniform
of the blue clothes gang.

Man, take it. Take it
man! At sweetest we attack.
We get each other or plan
it. And I am caught,
noosed, because I survive;
because I move where I belong
and dance my survival.

Always my backing is weak.
But I won't break up, before
eyes of knowhow
as my people always fall,
sharing majesty of a room
watching swirls of robes,
victims in a classic show.

I wasn't born to satisfy
the skills of robots.
I wasn't born to be bullseye.
I was born because
I was born
like tree and bird and star.
Tomorrow, I must get away.

A man must feel his woman's leg.
A man mustn't fight,
fight, fight between trees,
between walls
between lampposts
to have a sightless moment
overshadow him like a net.

I wasn't born to be turned
into outlaw. I was
born like everyone,
with different fingerprints
and a different face
and have to find my way
through everybody.
And I have to find my way.

I look at the jury.
See me push back a giggle,
for jackass,
their little black juror:
man drilled to kill he smile.

See the robots whisper,
like lovebirds, for me
to see them as gods.
And let them toss about
questions about me. Let them
play ping-pong with my life
and movements.

They can never know
I can't agree. I can't agree
I was born a failure. I can't
agree I was born disqualified.
I can't agree I was born
the material for robots to pulp
into their successes.

They can never know I was born
because a man must
fight back, and not
accept the role of dirt.
Them wi neva see I mus add-to
an add-to all mi weakness them
or find strength of a storm.

Hitting back keeps everybody
absorbed, keeps me
with a big backlog
of moves to make up.

And they will hurt me well.
And they will know they please
everybody. And they will watch
to see if I rise. And I
will rise, at hours and places
in unexpected ways.

And my face changes
as I've never known it.
And I don't laugh, over
the people I make mourn,
and make me mourn, like my
accomplices here in robes.

And they dangle me
on rope-ends of words.
They focus robot faces
on me, like a squad of gunmen.
They toy with my life.

And no more an apology
I can't hide my eyes.
No more a repentant rubbish
a man must eat and wear
and drink and dance.

A man must show:
I made it
I take
I win
I have. I have!
And they'll hide him away
as a maniac, knowing they have
all the holy, legal, regal connections.

And I unfocus my eyes.
My answers are merely
No and Yes.

And I remember. I remember,
the blue clothes gang came at me:
>How many white women you fucked?
>How many how many how many?
>How old how middle-aged how young?

I give no answer. Because
I give no answer, I get a blow
for every white woman I bedded,
they said, and every one
I wished to bed. I cried out
cried out cried out and said:
>Black women are not mine.
>Black women are not mine to keep.
>Can't you make friends?
>Is that why you punish me?

I am the object of the smokescreen
ceremony. I must speak
when spoken to. My answers
again are No and Yes.

The switches of robots spark
each other. I'm worthless, they say.
Everything I have is worthless.
I should be dumped
away from people
away from animals
away from God.

Yet when I stood here
for suspicious loitering
was it for that?
When I stood here
for removing goods
was it for that?
When I stood here
for stripping old people of their money
was it for that?
When I stood here
for wounding, as I stand
here now, wasn't I wounded?

Meeting Mr Cargill on My Village Road

Down from his donkey letting it
freely crop roadside weeds,
he shakes my hand grandly warm.
'Bless mi eye them now,' he says,
'Cousin Olmassa son, yu home.
Home from Englan! And fine fine
yu look. Like Christmas come
home-boy, whey yu stan up!

'And now, the world have
no father fo you.
Come home to find we bury him,
yu Olmassa, under yu mango tree.'

'I shave yu sleepin ol man.
I help bathe him,
give him he *last last* wash.
We dress him,
put him in he blacksuit and tie.
We lay him out, lay him out
in he own cedar board box, shinin.'

'Graveside bring everybody,
in full heart, full voice,
a-let him go in prayers and hymns,
a-give him he sixfoot down
and show a deserving traveller gone
to rest all him eighty-odd year.'

'And Nine-Night pass, at yu house.
Home yu didn come. But all,
everything , everything, happen
like yu was here, here on spot.'

Next time in my home village,
I didn't see Mr Cargill.
I saw only the new mound of earth
His own coffin replaced.

Sitting up Past Midnight

I used to get up some midnight
and come sit at mi doorway
a-think, a-think, a-smoke mi pipe.

I a-think about mi crops –
about mi fields of yams and bananas,
worryin about breeze-blow-hurricane
breakin up mi yam vines an blowin down
mi full banana bunches, ready fo market.

I a-think about mi donkey
how him is sick and don't get up.
Him just picky picky –
a straw stay in his mouth
and him don't chew it.

I a-think about mi third boy child –
always learnin lessons in lamplight –
readin bright-bright, recitin bible passage-them,
now him need extra teachin for examination
and how, how I gwan pay extra teachin?

Then I get strange feelin, a-think
back on mi ancestors them and slave life.
I realise how much of mi history I can't fill in.

Yet – I wake up to come sit
at mi doorway, thinkin,
thinkin about that dead past of mine

seein how mi life face midnight
widhout one lamplight.

Desertion

Dicko Parks gone from him house
and wife, children, dog, donkey
and the land-piece him jus start planting.

Dicko Parks lef not one clue
to show if him gone up, down
or if him vanish sideways
like when him lef Africa
inside him forefathers them.

Him taxes not paid.
Water come down through him roof.
Him stray donkey taken into pound
cos it ol rope bust up.

Three long months now come and gone.
Dicko Parks lef like him gone to him land –
no nightfall bring him back since.
Him wet-eye wife stop search and inquire.
Him sad sad children still skip and play.

Poverty Ketch Yu an Hol Yu

A trap ketch yu, naked
an hol yu dere, naked!

Yu ketch up ina poverty trap
Great House get yu fi servant
Great House dog keep yu it servant

Cokanut oil will shine up yu hair
you trousers press sharp sharp –
but pocket dem empty, empty like husk

Then man you throw you trousers –
only throw you trousers on the bed –
few days later, man, she pregnant again!

A morning time take yu
an swing yu like dead puss
then – it pick yu up again
an swing yu like dead puss

Seven day a week man
seven day a week
you a-move like dead puss.

Reasons for Leaving Jamaica

Mi one milkin' cow did jus' die!
Gone, gone – an' leave me worthless
like hurricane disaster.

Then, mi neighbour stoned, stoned
and killed mi dog, and I did know
I would move – move well away.

Man, when I did come happy, happy to reap
mi first four bunch of bananas
from mi new half acre of land
and, man, find every one newly cut and gone –
I did move about shattered,
dazed in a crazy spin of a dream.

That half acre did take me ten year to buy –
mi little land-piece of bananas was
mi pride an' hope an' sense of achievement.
Now, a man did come and reap mi first crop.
I did know there and then that if I did kill him,
him couldn't come back and come back!

Then, man, I did go tired, tired.
Like miself, mi piece of land
did sit there tired – tired.
Windrush did jus' come an' save me an' him.

To Travel This Ship

To travel this ship, man
I gladly strip mi name
of a one-cow, two-goat an a boar pig
an sell the land piece mi father lef
to be on this ship and to be a debtor.

Man, jus fa diffrun days
I woulda sell, borrow or thief
jus fa diffrun sunrise an sundown
in annodda place wid odda ways.

To travel this ship, man
I woulda hurt, I woulda cheat or lie,
I strip mi yard, mi friend and cousin-them
To get this yah ship ride.

Man – I woulda sell mi modda
Jus hopin to buy her back.
Down in dat hole I was
I see this lickle luck, man,
I see this lickle light.

Man, Jamaica is a place
Where generations them start out
Havin notn, earnin notn,
And – dead – leavin notn.

I did wake up every mornin
and find notn change.
Children them shame to go to school barefoot.
Only a penny to buy lunch.

Man, I follow this lickle light for change.
I a-follow it, man!

A Dream of Leavin

Man, so used to notn, this is
a dream I couldn't dream of dreamin,
so – I scare I might wake up.

One day I would be Englan bound!
A travel would have me on sea
not chained down below, every tick of clock,
but free, man! Free like tourist!

Never see *me* coulda touch world of Englan –
when from all accounts I hear
that is where all we prosperity end up.

I was always in a dream of leavin.
My half-finished house was on land
where work-laden ancestors' bones lay.

The old plantation land still stretch-out
    down to the sea,
            giving grazing to cattle.

Work Control Me Fadda Like a Mule

Work control me fadda like a mule,
control me modda like a jackass,
yet, stubborn stubborn,
life pass we
an *that* we full house live on.

Circle of hard time suck out we place
hold we like bad obeah spell
have we like skeletons –
starvation beget we.

Hungriness develop me
like rock a-want wings-them
but sunshine flood me,
and roast me and dry me inside.

But, rain bring hope
and wet me tongue and toes-them.
Rain-storm drench me
and sea-water wash me.

And now, sea a-carry me
headlong to a little change –
and here me a-shake
with hopefulness
            about what I goin *do* with it.

Thinkin of Joysie

When I think of Joysie, man,
I goin wahn fly back instantly –
but, Joysie dohn like hurry-hurry
even though she the rudest village girl.

Joysie is a winna, all sweeta,
she give you what she have
like she is belly of the movin sea
but, calm, she jus like an early dusk
afta sleep satisfy you good, good.

Joysie can cry out like you kill her
when you hear her cry out, saying:
You, you, you think you is Jesus
opening Paradise door!
And so wiry, you cahn believe how she move.

Joysie has the bigges heart,
the stronges body, most cutting scream.
She takes you like a tidal wave
takes a canoe, leavin sea, sky
an jus one little bird.

Man, Joysie have hot temper
but her big big givin is cool.
Joysie make sure you cahn forget her.
Joysie has no keep-quiet manners –
half the village men *love* Joysie.

Cos somtin mek it so

Bwoy mi tell yu
dis pipe yah
wha mi pull fram mout
mi cling to like love
yet mi know it a deputy fi somtn
de Laard alone know what.

Man-love tricky-tricky
cos man-love is sometimey.
Man-love is like sweetwood fire:
it blaze up quick-quick an done.

Woman-love pull man fi come
den woman-love turn
sharp tongue an kick-up an bust-up
cos woman have a love
to patch up everytin.

Bwoy mi tell yu
every tree have a job fi show
wha it can do wid sunshine
cos sometin mek it son.

An woman a-keep
blowin up fire
cos somtin mek it so, bwoy,
cos somtin mek it so.

Ol Nasty-Mout

When I a bwoy I did know
a big froggy eyed longleg
man in we district. Dat
man woz a nasty-mout man.

An him didn jus av rude
talk. Him mout did draw
blue fly dem an a-throw
centipede and scorpion dem
wid de blue-light
him bad word dem pop.

Him mout did dirty bad bad!
An him bes time woz
to lectrocute an half kill mi
wid rude talk bout woman sweetnis.
An him coax me,
coax mi to listn more,
keeping him eye dem shinin
watchin me all halfdead.

Away from Mi Little Ova-bodda Piece of Lan

Away from mi little ova-bodda piece of lan,
mi house of leaves – mi little leaf house.

Mi lame donkey will rest.
Mi maaga dog will wonda
why, why I dohn call him.

None of them will know
I gone in hope, trusting a big hearty God,
to work for proud people who lucky wid money.

Away fram everyday roastin in sun-hot
fram day-by-day sweat wash
an fram no-ice, half-warm water . . .

To keep me barefoot children in ABC school
I shun all bodderation day dem
to go try workin with proud-proud people
who *lucky*, man, *lucky* wid money.

Land-Cultivator-Man at Sea

Though soil did colour mi finger-them,
birdsong and sunblaze did fill mi head,
an mi easy pace did face no whiphand –
now, I travel like I get carried.

While, evening time, rum did talk
mi non-book talk, in distric rum bar,
I marvel how I couldn jus keep on –
and not travel, like now I get carried.

Though terror weekend-them did come
all empty-pocketed, wid a wretched house,
mi family did sleep close an warm –
travellin now, I'm carried into ice.

From what I hear, a man mus give up
someting old for someting new.
Workin a machine wohn be same like
castratin cockerel, ram-kid or bull-calf.

Bein hospital orderly wohn be like
stoppin fever with hot bath
of herbs, barks, and sweet oils, nor
like carin for fields of young bananas.

So let the sea be my road –
S.S. *Windrush* be my carriage –
and human change my hope.

Comparing Now with Ancestors'
Travel from Africa

The first time when ancesta-them did travel
them did a-travel to lose tongue, name
and pay. This time, descendant-them
a-travel by choice, with hope, and with
resolution for fulfilment.

The first time when ancesta-them did travel
them did a-travel pile up in a ship hole,
chained-up, angry, filthy, half starved.
This time descendant-them a-travel free
a-si moonlight on big sea.

The first time when ancesta-them did travel
them did a-travel to reach shore bruise up, half dead.
Some leave them bones a-push about by big sea.
This time, descendant-them a-travel
to reach in-a clean Sunday clothes.

The first time when ancesta-them did travel
them did a-travel in-a dread bout
where they would reach, and specially
would they reach as meat on white-man table.

This time, descendant-them, head full of hope,
droppin off all the past – a-look forward
to a-share skills, wealth and recognition –
determined to be humanly respected.

And some may yet a-travel
to write down them ancesta story.

Wanting to Hear Big Ben

Another traveller said: Man,
me, miself, I wahn go to Englan
specially – fi stan up unda Big Ben

and hear Big Ben a-strike
and feel it there, how
it did echo roun the Whole Worl

and have me rememba, how
when I was a boy passin a radio
playin in a shop, and a-hear

Big Ben a-strike the time,
gongin and vibratin, like it travel
unda centre of earth

or unda the sea
or fram deep-deep sky
and I did kinda feel strange, that

somehow, this mighty echo come fram
a mystery place call centre of mi worl
which I could not imagine at all.

Now – when I get to Landan
I jus wahn to stan-up
unda that striking Big Ben

an man, jus test out
how that vibration work – inside-a-me.

Song of Man and Man

Mek me go man –
Mek me go
Mek me go and get
White man look in mi yeye
To challenge each other's wildniss.

Mek me go man –
Mek me go
To face dread and terror
Like white did go face African
Mek me go face white man every day.

Mek dread go man –
Dread go and meet dread
As it wohn be odderwise
Mek me go man
wid salt water behin mi yeye
To bleed away all sorrow.

Mek me go man –
Mek me go
And meet dread in man and man –
That attraction
That could nevva nevva hide.

Mek me go man –
Mek me go
To white man wild sorrow

And black man sorrow what I bring
That sometime
They just melt away togedda.

Mek me go man –
Mek me go
Tiger dohn meet lion
Like lion dohn meet tiger
But man mus meet man
So mek me go man
Mek me go!

BENJAMIN ZEPHANIAH

Dis Poetry

Dis poetry is like a riddim dat drops
De tongue fires a riddim dat shoots like shots
Dis poetry is designed fe rantin
Dance hall style, big mouth chanting,
Dis poetry nar put yu to sleep
Preaching follow me
Like yu is blind sheep,
Dis poetry is not Party Political
Not designed fe dose who are critical.

Dis poetry is wid me when I gu to me bed
It gets into me Dreadlocks
It lingers around me head
Dis poetry goes wid me as I pedal me bike
I've tried Shakespeare, Respect due dere
But dis is de stuff I like.

Dis poetry is not afraid of going ina book
Still dis poetry need ears fe hear an eyes fe hav a look
Dis poetry is Verbal Riddim, no big words involved
An if I hav a problem de riddim gets it solved,
I've tried to be more Romantic, it does nu good for me
So I tek a Reggae Riddim an build me poetry,
I could try be more personal
But you've heard it all before,
Pages of written words not needed
Brain has many words in store,
Yu could call dis poetry Dub Ranting

De tongue plays a beat
De body starts skanking,
Dis poetry is quick an childish
Dis poetry is fe de wise an foolish,
Anybody can do it fe free,
Dis poetry is fe yu an me,
Don't stretch yu imagination
Dis poetry is fe de good of de Nation,
Chant,
In de morning
I chant
In de night
I chant
In de darkness
An under de spotlight,
I pass thru University
I pass thru Sociology
An den I got a Dread degree
In Dreadfull Ghettology.

Dis poetry stays wid me when I run or walk
An when I am talking to meself in poetry I talk,
Dis poetry is wid me,
Below me an above,
Dis poetry's from inside me
It goes to yu
WID LUV.

A Writer Rants

Write a rant about de runnings
Writer rant about de runnings
So I wrote of fires bunning
An de judgement dat is cuming.
It is part of our tradition
It's our fighters ammunition,
Give it schools fe education
It may start sum luv creation.

Real life business did provoke it
Den I went around an spoke it.
It has cum from off de bookshelf
It's alive so hear it yourself,
An echo came to me and said
'Yu have a job yu mus do, dread,
Write a rant of our short-cumings,
Writer rant about de runnings!

No rights red an half dead

Dem drag him to de police van
An it was broad daylight,
Dem kick him down de street to it,
I knew it was not right,
His nose had moved, bloody head,
It was a ugly sight.
Dem beat him, tried fe mek him still
But him put up a fight.

De press were dere fe pictures
Cameras roll an click.
While dem get dem money's worth
I started fe feel sick.
No rights red an half dead
An losing breath real quick.
I was sure dat it was caused by
Some bad politrick.

Down de road dem speed away
All traffic pulls aside,
Next to me a high class girl said
'Hope they whip his hide.'
Under me a young man's blood
Caused me fe slip an slide,
He pissed his well-pressed pants,
A man like me jus cried.

All de time it happens
Yes, it happens all de time
But 'Helping with Enquiries'

Says newspaper headlines.
If yu don't help wid enquiries
Yu mus be doing fine,
An if yu tink yu seeing justice
Yu mus be bloody blind.

Call it what yu like*

Friday de 29th June, 1979
Temperature quite warm,
Need fe rock a while,
Tings kinda calm,
So to meself I sey, where shall I have a ball?
Den de Time Out tell me de scene is Acklam Hall
Live groups, beggar, Samaritans, resistance,
Plus special guest.

Off to Acklam Hall
A couple frens wid me,
We never ever pay,
Dem always du me free,
Very good of dem,
Very good in dere.

India rocking,
England rocking
Africa a rock
To de Roots Reggae Track.

We dip wid de beat
We turn an repeat
We ride pon de beat,
Yes, cool runnings

* A tribute to the Punks and Anti-Nazi campaigners who battled hard on 29 June 1979 when a group of National Front members invaded a rave at Acklam Hall, Ladbroke Grove, West London.

Kinda beautiful fe see
How everyone rock free

De Samaritans a getting ready
Hearts set fe luv a Reggae.
Tuning up.

Some a dem a bop to sound system,
Some a romance where lights are dim.

I tek a walk,
I circulate.
I was standing by dis door
Talking to dis girl,
I tell her dat I write
She said I must recite
An den I see a fight.

Dere was so many,
Appearance of Skinheads,
Dem a shout, 'National Front, National Front.'
Dem a shout, 'Kill one, Kill one, Kill a Black man,'
Dem a shout, 'Kill a Black man lover.'
In dem hands dem hav sticks
Dem have bottles, dem hav bricks,
Dem a hit wid de sticks

An de bottles an de bricks.
A nightmare.
A nightmare, full a fear
I check it as a nightmare,
People falling down everywhere,
An one little exit door,
So much people heading fe dis exit door,
Only one little exit door.

Hysterical,
Terrible
Hitlers ting in progress.
Women cried in Acklam Hall,
Racist beat all.

I step ina room,
I sight six men
Standing over one man,
One man lying pon de ground,
Thick blood,
Wood splinters,
Glass splinters an tears
An him never want nu charity,
No ambulance,
St Johns man talks in vain,
Blood hides de cut from de eye,
Glass splinters pushing pain.
Not one police number came.

Outside is a a shout
De Punks are about.
A shout,
Nazis out, Nazis out.

O Punk, O Punk, de fight nu long,
Yu battle well.

I sight a punk holding a baby,
Lost baby,
De Black child crying,
But we fight back
De best form a attack.

An to meself I sey, 'De Nazis gone commerical.'
An to meself I sey, 'Dis should be controversial.'

Everybody start scatter
Me an me people jus
Exit.
De place was as mad as de world,
Not good,
We hav fe leave dat scene.
Not one police number came.

O Punk, O Punk, de fight nu long,
Yu battle well.

Cut de crap

Yu offer me a pension
But I know yu interntion
Yu high powered connections,
Cut de crap an set I free.

I hav not drunk yu wine
Dat blood yu shed is mine
Yu paper I won't sign,
Cut de crap an set I free.

Yu not doing me nu favour
I was born a rebel raver
Yu is a two faced neighbour,
An yu tink dat yu hav me.

Black starliner like I ride de storm
I looked an den I saw de norm
Said up yours, no I won't conform
An just live selfishly.

Now yu offer me a share
Yu acting like yu care
But how did I get here
Cum we check de history,
Yu want me fe look like yu
It's a phase yu going thru
What yu offer me won't do
So cut de crap an set I free.

U-Turn

Handsworth, Brixton, St Pauls, Broadwater Farm,
Toxteth, Highfields, Bradford, Ladbroke Grove,
Somebody better mek a U-turn
Before de fire start burn.

De culprit is hidden
In a very nice house, in a very nice town
Wid comfortable surroundings,
De culprit has taken
De power of de beast, disturbing de peace
An give de power to police.

Somebody better check it out,
Somebody better get it right,
Somebody better check de atmosphere
Cause fire ago burn tonight,
Somebody better check de scene
Fe see exactly what I mean
De people of power can't hide cum de hour
An voters hans aren't clean.
Somebody better mek a U-turn before de fire start to burn.

Moss Side, Wolverhampton, Belfast, Chapeltown,
Hackney, Peckham, Brent, Stoke Newington,
Someone's misspending de cash
Children will burn de place to ash
History's being made me people hav paid
An children grow up in a flash,
An innocent woman is dead, shot sleeping in her bed

Words hav been spoken, de chains hav been broken
An now we're feeling dread, AN RED.

Somebody better mek a U-turn before de fire start burn.

The Death of Joy Gardner

They put a leather belt around her
13 feet of tape and bound her
Handcuffs to secure her
And only God knows what else,
She's illegal, so deport her
Said the Empire that brought her
She died,
Nobody killed her
And she never killed herself.
It is our job to make her
Return to Jamaica
Said the Alien Deporters
Who deport people like me,
It was said she had a warning
That the officers were calling
On that deadly July morning
As her young son watched TV.

An officer unplugged the phone
Mother and child were now alone
When all they wanted was a home
A child watch Mummy die,
No matter what the law may say
A mother should not die this way
Let human rights come into play
And to everyone apply.
I know not of a perfect race
I know not of a perfect place
I know this is not a simple case
Of Yardies on the move,

We must talk some Race Relations
With the folks from immigration
About this kind of deportation
If things are to improve.
Let it go down in history
The word is that officially
She died democratically
In 13 feet of tape,
That Christian was over here
Because pirates were over there
The Bible sent us everywhere
To make Great Britain great.
Here lies the extradition squad
And we should all now pray to God
That as they go about their job
They make not one mistake,
For I fear as I walk the streets
That one day I just may meet
Officials who may tie my feet
And how would I escape.

I see my people demonstrating
And educated folks debating
The way they're separating
The elder from the youth,
When all they are demanding
Is a little overstanding
They too have family planning
Now their children want the truth.
As I move around I am eyeing
So many poets crying
And so many poets trying
To articulate the grief,

I cannot help but wonder
How the alien deporters
(As they said to press reporters)
Can feel absolute relief.

Belly of de Beast

Don't want go a jail, Don't want go a jail
Cause everytime me gu dea, dem never give me bail

In hell places like dat
Yu find no justice fe de Blacks
One time dem beat me almost kill me
An dem abuse me locks,
De Social Worker tell me
Bout me rights to a phone
But when de devils got me number
Devils raided me mudder's home.

Don't want go a jail, Don't want go a jail
Cause everytime me gu dea, dem never give me bail

Dem stop me jogging one fine day
As I got healthy on de green,
De Officer waz saying tings dat I would call obscene,
Once more I am in de van
Wid a beating to de station
Dat is what dem call helping investigations.

Dis is not de Jail House Rock
Dis is not de Jail House Rock
Yes dis is not

When dying in jail
You get pure unfit food fe eat
An Rasta minded vegan humans
Never get a treat,
Dem pack de place wid Blacks

There's a lack of common sense
An most Black people in dea
Is very innocent,

I think some politician man . . . . Should gu a jail
Some policeman . . . . Should gu a jail
Some slave driver . . . . Should gu a jail
An Maragaret Thatcher (in my humble opinion) . . . .
. . . . Should gu a jail

In state-owned homes like dat
Dere is no justice fe de Whites
In weird places like dat
Dem juss ignore yu human rights,
It really kinda lonely
An yu never get no peace
Dat is what de Rastas call
De belly of de beast.

Don't want go a jail, Don't want go a jail
Cause everytime me gu dea, dem never give me bail

Tax inspectors . . . . May like a stay
in jail
Big city hustlers . . . . May like a stay
in jail
Gun manufacturers . . . . May like a stay
in jail
An de one John Major (it is alleged) . . . .
. . . . May like a stay in a jail

Dis is not de Jail House Rock
Dis is not de answer
Elvis
Dis is not.

Reggae Head

Doctors inject me
Police arrest me
Dem electric shock me
But dat nar stop me,
Oooh
Dem can't get de Reggae out me head.

Dem tek me to a station
Put me pon probation,
But I still dance
Wid de original nation,
Oooh
Dem can't get de Reggae out me head.

Dem sey,
Obey yu masta
Stop talk Rasta,
Dub I tek a dub
An juss rock a little fasta,
Noooo
Dem can't get de Reggae out me head.

Dem sey
Bad bwoy, stop it,
Dem put money in me pocket
Riddim wise I drop it
An rock it Reggaematic,
Got it
Dem can't get de Reggae out me head.

Dem put
Pill an potions ina me
Dem put sum weird notion ina me,
Dem put
Fire water ina me
Wan time dem try fe slaughter me,
But I thrive on electricity
Dem tings stimulate I mentally
Now dem calling me de enemy
Cause de reggae roots deep ina me.
Experts debate me
Pop charts
Hate me,
De BNP want to
Annihilate me,
Oooh
Dem can't get de Reggae out me head.

Critics curse
Psychiatrists wail,
Cadburys
Lock me up in jail,
Still
Dem can't get de Reggae out me head.

Computers study me
Commuters worry me
But dem can't hurry me
Or do me injury,
No
Dem can't get de Reggae out me head.

Videos are watching me
But dat is not stopping me
Let dem cum wid dem authority
An dem science and technology,
But
Dem can't get de Reggae out me head.

No Problem

I am not de problem
But I bear de brunt
Of the silly playground taunts
An racist stunts,
I am not de problem
I am a born academic
But dey got me on de run
Now I am branded athletic
I am not de problem
If yu give I a chance
I can teach yu of Timbuktu
I can do more dan dance
I am not de problem
I greet yu wid a smile
Yu put me in a pigeon hole
But i am versatile

These conditions may affect me
As I get older,
An I am positively sure
I have no chips on my shoulders,
Black is not de problem
Mother country get it right
An juss fe de record,
Sum of me best friends are white.

City River Blues

Went to the river
Seeking inspiration,
Saw dead fish floating
Dead men boating
And condoms galore.

Sat by the river
Wondering,
From where cometh
Dat bloody smell,
For if I waz wize
And I could tell
The world would know.

This is our river
It runs through our lives
This is our river
Our shit-coloured river,
It's had it
But it's ours.

This river speaks
Every boot had a body
Every shirt had a friend,
And the old boys
Say they shall all meet
Where every river ends.

Here by this river
Joe Public wrote songs
And ships came
From far away,
Capitalism lived here
Ships left from here,
To cheat someone,
Somewhere.

This river is on the map
The Queen came here,
The King came here,
Hitler bombed it,
Joe Bloggs bombed it,
A hundred factories
Bomb it every day,
But this river won't go away,
They say.

Went to the river
Seeking inspiration,
Got eco-depression,
Got stopped and searched,
Got called a coon
Got damned lungs,
Got city river blues.

De Queen an I

It's nice to know dat de Queen
Sits at home studying me.
She study me history,
Wea me born
Me roots an fruits.
An when me go rave
De Queen an I are intellectually engaged.
She study me anatomy
She check out how me sexy,
She check me riddim an me rhyme
Me sleeping times,
I know she'll check dis
And she always check dat
She study me so much
Mek me proud to be Black.

Sometimes she will blow a fuse
When she get confuse by de news
Sometimes I know she want to talk to me
But de bodyguards will get jealous yu see,
So she treat me like a kinda
Open University
An study me casually.

Me Republican frens sey
If she study thee
Den study she,
But I done study she
Way back in 1983.
Frens sey

Examine her
But me check her out already
Now she studying Reggae,
I nar tell no lie
She a study Rastafari, guy.

Me is de Queen's book a bedtime
Her morning service
Her vital muse,
I don't know
Why it's so
I is just de one she chose.
Me is her favourite lesson
Her liberation
Her poetry,
She don't like guys messin
I may be guessin
But I think dat's why she study me.

One is humble
One is honoured
One will never object
I am so happy
Dat she chose me
I am de Queen's subject.

Walking Black Home

That day waz
A bad day,

I walked for
Many miles,

Unlike me,
I did not

Return any
Smiles.

Tired,

Weak
And
Hungry,

But I
Would not
Turn

Back,

Sometimes it's hard
To get a taxi
When you're Black.

Chant of a Homesick Nigga

There's too much time in dis dark night,
No civilians to hear me wail,
Just ghosts and rats
And there's no light
In dis infernal bloody jail.
I want my Mom
I want my twin
Or any friend that I can kiss,
I know the truth that I live in,
Still I don't want to die like dis.

If I had sword and I had shield
I would defend myself no doubt,
But I am weak
I need a meal or barrister to help me out,
I know my rights
Now tape dis talk
Of course I am downhearted,
Look sucker I can hardly walk
And the interview ain't even started.

You call me nigga, scum and wog
But I won't call you master,
The Home Secretary is not my God,
I trod earth one dread Rasta,
But in dis dumb, unfeeling cell
No decent folk can hear me cry
No God fearers or infidel
Can save me from dis Lex Loci.

There's too much time in dis dark night
And all my ribs are bare and bruised,
I've never dreamt of being white
But I can't bear being abused,
I'm one more nigga on your boot
Dis night you want dis coon to die,
I have not hidden any loot
And you have killed my alibi.

I'm spitting blood,
You're in control,
It's your pleasure to wear me down.
I can't stop thinking
You patrol the streets where folk like me are found,
I do recall how I have seen
Your face in school upon a time
Telling the kids how good you've been
And of the joys of fighting crime.

I'm hanging on for my dear life,
You give me one more injury,
I've just started to feel like
One more Black Death in custody.
I'd love a doctor or a friend
Or any lover I have known,
I see me coming to my end,
Another nigga far from home.

Time

All the time of the offence I was at home
The day in question no street did I roam
The alleged offence was nothing of my doing
Can innocence be something that needs proving?

I was minding my own business and quite straight
When the wicked one arrested me with hate
In a cell they gave me water and said 'Cheers'
They gave me Judge and Judge gave me two years.

The Men from Jamaica
Are Settling Down

From de land of wood an water
Came they to where de air waz cold,
Dem come to work wid bricks an mortar
They heard de streets were paved wid gold,
From de land of fish an ackee
To de land of fish an chips came they,
Touching on a new reality
Where de sky waz white an grey.

Came they to here wid countless dreams
Came they to here wid countless fears,
In dis drama of many themes
Each one of dem were pioneers,
Each one of dem a living witness
Each one of dem truly profound,
A newspaper said people hear dis
The men from Jamaica are settling down.

The men from Jamaica had come wid their music
The men from Jamaica had come wid their vibe
The men from Jamaica had come wid their prophets
To help keep their past an their future alive,
So to de great future they went dedicated
De great mother country waz begging for more,
De prophets had warned it may get complicated
They said dat there waz no equality law.

There waz no ackee an there waz no salt fish
There waz no star apple an no callaoo,
Soon there waz no time to dream, wonder or wish
There waz so much community building to do,
An back in Jamaica they waited for letters
Where there were no letters, rumours were abound,
But de newspaper said it was going to get better
The men from Jamaica are settling down.

They went to de foundries, they went to de factories
They went to de cities these true country folk,
An when they got down to de true nitty gritty
These true country lungs were soon covered wid smoke,
Some dreamt of Jamaica, some dreamt of their wives
Some dreamt of returning to bring something home,
Some prayed to de God, an they asked de God why
The men from Jamaica should struggle alone.

De struggle waz human, de struggle waz being
De struggle waz charting uncharted territory,
De struggle waz opening up an then seeing
De struggle ahead for de community,
De struggle waz knowing de here an de now
An what kind of struggles were now to be found,
Still nobody knew just exactly how
The men from Jamaica were settling down.

Officially four hundred an ninety-two came
On June twenty-one nineteen forty-eight,
But officials were playing a false numbers game
Now it's up to de people to put records straight,
We now know there were more than eight stowaways
An now we know women amongst dem were found,

Still a newspaper said after just a few days
That the men from Jamaica were settling down.

We know that there were other lands represented
An de women survived just as well as de men,
An we know that our history will be re-invented
If we do not write truthfully wid de Black pen,
Consider de struggles that took place before us
Tune into de bygone an try to relate
To the brave folk that came on de Empire Windrush
On June twenty one nineteen forty-eight.

Soon there were more ships, an more ships an more ships
Peopled wid colourful Caribbean folk,
Men, women an children were making these trips
Each one of dem carrying ship loads of hope,
From all of de islands they came to dis island
De National Health Service waz so welcoming
An de movietone voice said that things were quite grand
As the men from Jamaica were settling in.

Dis waz de new world, dis waz de white world,
Dis waz de world they had been fighting for,
Dis they were told waz de righteous an free world
Dis waz de reason they had gone to war,
Dis waz de land of de hope an de glory
Dis waz de land of pleasant pastures green,
Dis waz de royal land, dis waz democracy
Where many Jamaicans were proud to be seen.

But it did not take long for de racists an fascists
To show ugly heads as de wicked will do,
Quite soon de arrivants had learnt to resist
An quite soon they were dealing wid subjects taboo,

Blacks in de unions, blacks in de dances
Whites wid black neighbours an black civil rights,
The men from Jamaica were taking no chances
The men from Jamaica were not turning white.

Race riots in Notting Hill Gate said de headline
De cameras were there as de flames burnt about,
De fighters for race were establishing front lines
As de great British welcome just seemed to fall out,
Race riots in Nottingham City an Bristol
Race riots in Cardiff an sweet Camden Town,
De newspapers said it was dreadful an shameful
But the men from Jamaica were settling down.

The men from Jamaica would not die in silence
The men from Jamaica just got radical,
To counter de negative Teddy Boy violence
They created blues dances an carnival,
The men from Jamaica were steadfast an growing
Despite Commonwealth immigration controls,
They learnt a few lessons an soon they were knowing
That there were no streets paved wid silver or gold.

A new generation rose up from these fighters
A new generation wid roots everywhere,
A new generation of buildings an writers
A new generation wid built in No Fear,
They too fought de Nazis, they too put out fires
They too want to broaden their vision an scope,
They too need fresh water for burning desires
The men from Jamaica are so full of hope.

De future is not made of ships anymore
De future is made up of what we can do,

We still haven't got all that freedom galore
An there's all those ambitions that we muss pursue,
De past is a place that is ours for all time
There are many discoveries there to be made,
An if you are happily towing de line
Be aware of de price your ancestors have paid.

Black pioneers came on de Empire Windrush
On June twenty-one nineteen forty-eight,
These souls were titanic, these minds were adventurous
They came from de sunshine to participate,
They are de leaders, they are de home makers
They have been upfront since their ship came aground,
But in-between lines you'll still read in de papers
The men from Jamaica are settling down.

Carnival Days

On days like these we dance to us,
With the drum beat of liberation
Under the close cover of European skies,
We dance like true survivors
We dance to the sounds of our dreams.
In the mirror we see
Rainbow people on the beat,
Everyday carnival folk like we.

Adorned in the colours of life
We let it be known that our costumes
Were not made by miracles,
We are the miracles
(And we are still here).
These giants were made by the fingers you see
(Too many to count)
Carried by these feet that dance
In accordance to the rhythms we weave.
On days like these we dance the moon.

On days like these we dance like freedom,
Like the freedom we carried in our hearts
When the slave driver was with his whip
When his whip was at our backs,
There is no carnival without us
And without carnival there is no us.
The colours of our stories joyful the eyes
And rhythm wise the body moves.

On days like these we dance the sun
We cannot make dis love indoors,
Or be restricted by the idea of a roof,
Dis soul, dis reggae, dis calypso,
Dis sweet one music we make
Is for all of us who work dis land
And cannot be contained by bricks and mortar,
It is we, the beat and the streets.

The passion has to be unleashed,
To rave alone is not today,
Dis is a beautiful madness
Dis is a wonder full place.
So play Mas citizen
Be the immortal bird you want to be
Bring hope and truth and prophecy
Or meet the lover in your mind,
Let us take these colours
Let us take these sounds
And make ourselves a paradise.
On days like these we can.

On days like these the elders say
Astronauts can see us dance
Glittering like precious stones
On dis rocking British cultural crown,
When Rio's eyes upon us gaze
And Africans are proud of us
With heads held high we say we are
The carnival, sweet carnival.

On days like these we dance to us,
On days like these we love ourselves.

Three Black Males

Three black males get arrested
When they said they seek two whites,
Dis poet said that's expected
For we have no human rights,
We die in their police stations
We do nothing to get caught
We are only in white nations
When we win them gold in sports.

Three black males in the system
So the system just rolls on.
Can you recognise the victims
When the truth is dead and gone,
Can you recognise their anguish
When they beg you time to care
Or do you forget your language
When three black males disappear?

Raphael Rowe is not an angel
And Michael Davis ain't
Let us be straight and factual
Randolph Johnson is no saint,
The Home Office has a God complex
But that office is not great
For it does not recognise subtext
Injustice or mistakes.

Let all poets now bear witness
Let the storyteller tell
Let us deal with dis white business

Dis democracy's not well,
The cops, the judge and jury
Need some helping it does seem
And three black males with a story
Fight
So truth can reign supreme.

Do Something Illegal

Musical streams of joy
Enchanted ravers come alive
De gleaming, joyful beats employed
Are here to help you to survive,
Let de music cover you wid streetwise stuff
Dat is so good,
To de riddim do be true
An mek luv in de neighbourhood.

Let sweet thoughts within you grow
An let your body celebrate
Letting your body go
As righteous sounds communicate,
When de dub has made you rise
An all of you are real an regal
Move de body riddim wise
An do something illegal.

De beautiful electric drum
Is wired for your pleasure
So as you kinda go an cum
Reveal your happy soul,
Feel free to do all manner of things
To help you ease de pressure
It gets mystical an magical
When you simply lose control.

Do not foul informers' fear
When dub creators operate
An let no imposters rob you

Of de gracious vibes you generate,
You may float like a butterfly
Or fly high as an eagle,
De dread DJ invites you to
Do something illegal.

A dance lyric originally recorded
  with music with Swayzak in 1999.

Translate

Who will translate
Dis stuff.
Who can decipher
De dread chant
Dat cum fram
De body
An soul
Dubwise?

Wot poet in
Resident,
Wot translator
Wid wot
Embassy,
Wot brilliant
Linguistic mind
Can kick dis,
Dig dis
Bad mudder luvin rap?

Sometimes I wanda
Why I and I
A try so hard fe get
Overstood,
Mek we juss get
Afrocentric,
Dark,
Who in space
Who on eart
Who de hell we writing fa?

Sometimes I wanda
Who will translate
Dis
Fe de inglish?

The London Breed

I love dis great polluted place
Where pop stars come to live their dreams
Here ravers come for drum and bass
And politicians plan their schemes,
The music of the world is here
Dis city can play any song
They came to here from everywhere
Tis they that made dis city strong.

A world of food displayed on streets
Where all the world can come and dine
On meals that end with bitter sweets
And cultures melt and intertwine,
Two hundred languages give voice
To fifteen thousand changing years
And all religions can rejoice
With exiled souls and pioneers.

I love dis overcrowded place
Where old buildings mark men and time
And new buildings all seem to race
Up to a cloudy dank skyline,
Too many cars mean dire air
Too many guns mean danger
Too many drugs mean be aware
Of strange gifts from a stranger.

It's so cool when the heat is on
And when it's cool it's so wicked
We just keep melting into one

Just like the tribes before us did,
I love dis concrete jungle still
With all its sirens and its speed
The people here united will
Create a kind of London breed.

AHDRI ZHINA MANDIELA

Rhiddim

terrah in dih streets
terrah in dih streets
terrah in dih streets

terrah in dih streets
gun blass buss steddy beat

blud bawt wash
dutty dutty foot
soak tru
stinkin shakin boot
an
fear
pollute
dih air

terrah in dih streets
terrah in dih streets
terrah in dih streets

terrah in dih streets
gun blass buss steddy beat

Miggle Passage
(Black plight/blackfight)

wih won't stan for it
caan let owah kindred
die awndah it
wih won't stan for it
ennymore   ennymore   ennymore
        ennymore   ennymore

time an time an time aghen
dem preten
seh dat dem is wih frien
wid all dih aids
dem ah len
but yuh caan mek frien
wid battalion men
suh wih won't san for it
ennymore

cause wen it cum to loans
dem nuh mek nuh bones
suh wih borrow, always
at dih iyess rate
an if yuh evah affi pay back
late
dem simply tell yuh
'sorry mate, we can't wait'
but wih won't stan for it
ennymore

dem try fih seh
Blacks dooh dih leas
suh
wen dem cooden whiten Egypt
dem call it Middle Eas
now dat reejan doan know peace
while dih Wees preparin a feas
but owah voices won't cease
owah protes will increase
cause wih won't stan for it
caan let owah kindred die
ennymore

inna Merrica
Sam seh, 'a nigger shouldn't vote'
(an dem try fih seh dat all bout)
but Black people coodah
nevah shut dem mout
suh wih chant an rant an shout
now at leas wih ave a likkle
bit ah clout
Still wih won't stan for it
ennymore   ennymore ennymore

imperials greed
mek ones want more dan dem need
dat's why dem plot fih kantrol
Sout Afrikka
like ow dem dooh Australia
but dis time
dem cooden moralize
an legalize genocide
suh dem legislate apawtide

an man, wih won't stan for it
caan let owah kindred die
ennymore

cooden accultrate Jahmayka:
suh dem advahtize
propaganda an lies
den sen kanfujan
wid guns an ammunishan

cooden infiltrate Grenayda
suh dem plot an skeem
fih use enny means
den wih own ones sen outvitashan
for a kwik invajan

an like Cuba
Nikkaragwa kept dem at bay
ah fite rebels an expose CIA
den dih ones wid dih say
sed, 'OK you have our permission'
den en up ah bwoykat dih illekshan

den dere is Itiopiah:
look ow long Itiopiah ave drowt
an ow long Eas Afrikkans ah ded out
but dese western dicks
wid dem pallitricks
nevah sih fit fih publicize it
antil dem coodah fine way
fih embarrass, maim, an criticize

174

an lawd
wih won't stan for it
caan let owah kindred die
ennymore

wih cum inna dese nodern lans
dem tell wih mus
mek a new plan
an figgat
whe wih cum from
but nun ah dat
i n i still Afrikkan
an wih won't stan for it
no wih won't stan for it
ennymore

cause wen dem dun
an reddy
fih drop dem fancy bom
dem naw considdah
whe enny ah wih ail from
an which ilan ave more sun
suh wih bettah move as one
mek wih claim
use all wih diffrent name
an stawt rise RHASS cain!

show dem seh
wih won't stan for it
caan let owah kindred die awndah it
wih won't stan for it
ennymore   ennymore   ennymore
ennymore   ennymore

ennymore
ennymore
ennymore
ennymore
ennymore

ennymore
ennymore
ennymore

Ooman Gittup

ooman   gittup
an stap bruk yuh back
awfta yuh nuh cow

dem call yuh laydy
seh fih ack genkle an sweet
but jus fih show

cause dem cum ome
an dem waan dih food
all cook an reddy
den pan top ah dat
dem waan yuh mek
pickney stan steddy

yuh wuk like a auss
day in
an day out
den dem waan yuh luv dem
evvy nite
tiad out

ooman   gittup
owtah dih bed
an from ovah dih stove
now
eekwal pay an birt kantrol
wih elp yuh mek it
sum ow

Black Ooman

Black ooman rebellin
Black ooman ah stawt tellin
ah tellin tings
whe mek yuh kwivvah
ah chat deepah dan silent rivvah

if evvy day pure strife
only bring more wrawt
like a shawp blade knife
ah cut inna wih awt
always ah struggle fih wih life

evvy jook
mek it wuss
like a sore
full ah pus
but wih will kill too
if wih mus
suh jus

back awff

Black ooman rebellin
Black ooman ah stap sellin
ah stap sellin
inna dih maakit
ah stap ah troddin
wid ovah-loaded baaskit

awfta all dem miles
wih foot dam ah bun
wih spirits ah bwile
wih language ah tun
fram rank to vile

naw rant naw cuss
cause wih nuh really
want nuh fuss
but wih bile bag ah buss
suh jus

back awff

Mih Feel It
(Wailin fih Mikey)

Dih dred ded
an it dun suh?
No sah

dih dred ded
an it dun suh?

> Ow can a man
> kill annadah one
> wid stone
> cold-
> bludded intenshan
>
> rockstone
> bludgeon im ead
> an
> im drop dung ded
> an nuh one
> nuh awsk
> why
> such a wikkid
> wikkid tawsk
> should
> anna-
> nyah-
> late
> dih dred

Dih dred ded
an it dun suh?
no sah

dih dred ded
an it dun suh?

Early early
inna dih day
Mikey ah trod
dung a illy way

isite up sum men
from a pawty fence
an hence-
forth
was stopped!
wid all dih
chattin whe gwaan
an questions ensued
Mikey painin run out
ah im mout
too soon!
an is den dih trouble
run out

for BAM!
four stone inna dem ans
an BAM!
dem lik Mikey dung

an
mih feel it
mih feel it
mih feel it

Dih dred ded
an it dun suh?
no sah

dih dred ded
an it dun suh?

       ones must know
       dih reason
       for dis deadly
       assault
       committed
       out of season
       no reason
       dred dred dred dred
       season

'Riddemshan for every dred
mus cum
riddemshan
mus cum'
       is dih livity
       not dih rigidity
       for even doah seh
       Mikey ded
       cause dem mash up
       im ead
       even doah seh
       Mikey gawn
       im spirit trod awn
       trod awn
       tru: RIDDEMSHAN

Dawk Nite

As im walk pass dih gully
ah mek a stroll inna dih nite
im sense dem full up
ah dih site
ah dih beas

dih beas inna dih car
four beas inna dih car

an im ole awn
to dih spliff inna im pockit

As im trod awn
dung dih road
eng a leff
right ah dih cornah
im sense dem full up
ah dih noise
of a dawg

tree dawg
ina one yawd
teet ah push out
tru dih gate
an it late
an it late

an in daaawk

still im ole awn
to dih spliff inn aim pockit

Deh in dih shadow
of a tree
a flame flash awn to dih dawk
sizzle up
dih rizlah
fizzle up
dih erb
an burn
an burn
an buuuurn

While dih beas inna dih car
four beas inna one car
ah toute eight gun
like inna war
four wheel ah gip dih tar
like jancruh teet
inna car/cass

an im ole awn
to dih spliff between im lip

Now dih smoke
from im nose
cloud roun dih lite
pan dih post
an dih taste
of dih smell
cloud dih traffick
inna im ead
den a brite lite

flash
pan dih back ah im ead
an dih roach drop

ded!

but dih I well red

dih beas look dred
as dem search
fih dih spliff
inn im pockit

as dem search
as dem search
as dem search

Speshal Rikwes

speshal rikwes
to dih ilan possie
for babbilan still ah try ole I
awndah slavery

ah membah wen
chain shackle I foot
now ah men-made leddah wintah boot
an in times before
men in a klan
cum wid dem plan
fih mash dung I state
as man an ooman
but I naw guh back
an dwell pan pass attacks
instead I ah mek a fahwud check
wid dis
speshal rikwes

speshal rikwes
from a yearnin ungah
burnin burnin
burnin in dih mind of
of a city-bread yout
speshal rikwes fih dih trute

speshal rikwes
fih dih bones in dih sands
of dih Carrybeyan lands
fih wih urtin spirits debri

speshal rikwes fih you
an fih me

fih dih skills
of dih uprooted ones
widout birtlan
wukkin fih fahrin investment plans
inna Merrica, Sout Afrikka
Cannada an Inglan
inna dis yah babbilan

speshal rikwes fih I lan

fih dih blud ah di eart
dih sawff red dirt
dat we fawt to preserve
fih wih own pots of clay
while dem watch evvy day
an say: MEK DEM PAY! MEK DEM PAY!
suh ow now I mus res
from makin dis
speshal rikwes?

wen dem ah try dem bes
fih keep I awndah stress
an covah dung I success
wid dem IQ tes
usin dem bans an bans
ah propaganda wagons
from dih still-bawn creashan
of dem feeble ans

but yuh know
sumting gawn wrong

wid dem plan
for look: I still ah stan strong
an I ah call to all ones
(fi elp clean up dih mess)
wid dis
speshal rikwes

speshal rikwes
espeshally
fih dih natives
sedated an apathy-stated
by apawtide: all round dih worl

for apawt from I
dem hide/dem hide
an seek fih mek I weak
but since JAH bless I
wid strent
fih strive an relent
I wih stan up an projek
forevah: dis speshal rikwes

speshal rikwes fih dih ilan possie
speshal rikwes fih you an fih me

LILLIAN ALLEN

Conditions Critical

Dem a mash it up down inna Jamaica
dem a add it up down inna Jamaica
dem a mash it up down inna Jamaica
dem a add it up down inna Jamaica

gas prices bounce
hoops for the skies
a likkle spark and embers of oppression
rise
people tek to the streets
it's no negotiating stance

when do yu want freedom?
yesterday!
how do you propose you'll get it?
by the people's way!

soh, that's why . . .
dem a mash it up down inna Jamaica
dem a add it up down inna Jamaica

dem sey dem tired of trying to buy the country back
from the Americans and the IMF pact
a little friendly debt with an open end
it feel like the ball and the chain game again

soh, that's why . . .
dem a mash it up down inna Jamaica
dem a add it up down inna Jamaica
conditions critical
freedom has been mythical

every few years years a new deliverer come
say 'better must come, let *me* lead the way my people'

seems better get delayed
somewhere hiding
it's quarter to twelve
an' it's getting late

better change to waiting
an' we waiting here a while
an' the weight
is piling on our backs
we sweating and dying
under disparity's attacks, attacks attacks

an' our children still bawling
our ancestors still calling
an' wi right ya soh demanding

so that's why . . .
dem a mash it up down inna Jamaica
dem a add it up down inna Jamaica
conditions critical
freedom has been mythical
conditions critical

ecliptical
critical

Rasta in Court

Listen to the sound an' the beat of yu heart
Listen to the rebels an' the Rasta dem a talk
Listen to them chanting . . . listen to dem rapping
Listen to the shifting of the planet that is happening

The Rastaman check him bike
sey him haffi go down to Eglinton this night
ride him bike pon the sidewalk bright
bops to the left and weave to the right
dolly 'round the corner feeling very nice
'im ites green and gold flashing bold in the night
him hands off the handle bar of him bike
and before yu could sey 'Hey Dreadie, everything alright?'
'im smash right into a policeman on patrol in the night

Oh what a fright   oh what a sight
Rastaman lying on top of a policeman 'im bike
The police revive . . . jump up hypnotized
and promptly arrest the Rastaman man
for riding 'im bicycle without any light

Rastaman reply
'I am one of Jah Jah children
I and I got my light which is Jah-guide
so, dem can't come arrest I and I
'cause in Babylon there's no night'

As the law would have it
them went to court
As Rasta luck would get it

jury dope
strict stiff courtroom full
judge keen and jury dutiful
The Rastaman decide to defend himself
and present him case in full

First him call himself as a witness
(hear wey him sey now, 'him is Jah witness');
'Ma light your honour is in I eye
If I ride my bicycle when I eye shut
I couldn't did see nothing
no matter if there was a thousand light 'pon I bike
When Jah give light him give I and I, I sight
 And I eyes was open
So yu honour, dem can't come sey
I and I was riding without any light'

So the Judge sey, '. . . ah . . . ah let me try and get it straight
Mr. whats-yu-name . . . Rastafari-you-and-you . . . ? If
    your eyes
were closed there would be darkness, no light. But your eyes
were open so . . . . . . so that meant you had your light . . .
Ah see . . . Then how come you run into the policeman with
    your bike?'

'Because, yu honour,' Rastaman replied, 'as there is dark-
ness . . . there is light. And if the policeman did have 'im
light, him oulda did see I'

Guilty or not guilty   a jury must decide

'. . . And further more yu honour,' Rastaman chides,
'Only one man can judge I and that is Jah Rastafari,
    Selassie I'

The jury turned   split. Verdict undecide
the judge had was to let the Rastaman slide
The policeman clutch him chest and started to cry

Rastaman jump 'pon him chariot of a bike
'im ites green and gold
flashing like a light
him bob anda weave and hear him as him ride . . .
'Mi light beside mi liver . . . and mi light in mi eye . . .
can't check sey I mon Rasta guilty
when from Jah I and I get I guide!'
And off rode Rastaman to his contented life

And so the story goes . . . of a Rastaman, him bicycle and
   him light
The judge it was said, later resigned
and went to live on the hills way up on high
And as for the policeman, he transferred to the day shift
in the Rosedale Heights.

Listen to the sound an' the beat of yu heart
Listen to the rebels an' the Rasta dem a talk
Listen to them chanting . . . listen to dem rapping
Listen to the shifting of the planet that is happening

With Criminal Intent

They wrapped their hatred around him
a hollow tip dum de dum dum dum
blow his black head to pieces
since he was just a blackity black black blackkk
wohoose tight minds into blackout
into thinking that everytime they see we
one of us
they have to account to a soul
brutality deception crunched into centuries
the horror the horror the horror

If we could just dance
and disappear
blunt instruments that plowed the fields
served the plantations
this house of capitalist plenty
that jack and every jack one a we build
no Jackman want to say it was built
by plunder, exploitation, murder, bondage and rape
making the Black print blue
and even losing that too

They carried their hatred, psychic scar
cocked on a trigger
set to blow away forever
a black boy's right to exist, to justice, to imperfection

On a dowdy Mississauga street in December '88
just after Christmas
and you know what Christmas is like

all that good cheer and so much greed
the Kangaroos struck
black blackity black black black blackkk
blackout

A cowardly aim
a decidedly, deliberate, privately purchased
banned, illegal bullet
and you don't have to join the ku klux klan anymore

They wrapped their hatred around him
heaped up bursting out
they had to let it off somewhere
and since you and you and you and you were out of sight
they hurled spite on this young son
and blow his blackity black black blakkk head to pieces
black blackity blackity blackity blackity blackkk
blackout

I tell you
justice is wift
with a fullness of criminal intent
at the end of an illegal bullet
when you face your serve-and-protectors
your jury, your executioner and judge

In These Canadian Bones

In these Canadian bones
where Africa landed
and Jamaica bubble
inna reggae redstripe
and calypso proddings of culture
We are creating this very landscape
we walk on

My daughter sings opera
speaks perfect Canadian
And I dream in dialect
grown malleable by my Canadian tongue
of a world where all that matters is
the colour of love/compassion/heart
and music that grooves you

And I care about Quebec
not just for Montreal
that pulsing city in heat
whose hips I want to stride
but for the tempo of language
stride and stridency in ownership of culture
not the hot air fascism
distinct of Bouchard
but the way they love jazz

And I thank Indigenous peoples for this country
a guest on the planet
we all are, I tell you

Revolution from de Beat

Revolution from de drum
Revolution from de beat
Revolution from de heart
Revolution with de feet

De riddim and the heave and the sway of the beat
de rumblings and the tumblings down
to the dreams to the beat. To the impulse to be free
to the life that spring up in the heat   in the heat
in the pounding dance to be free
to bust open a window
crash upon a door
strip the crust of confinement
seep truth, through cracks
through the routing rhythms of the musical tracts   tracks

De sound of reggae music came on a wave of patter   patter
of deeply rooted internal chatter   chatter
on wings of riddim and melodies gone free
the bass strum the heart
the bass drum the heart beat
and the Rastaman pound! Bong bong   bong bong
beat them drums mon! Bong bong   bong bong

And de sound all around
and the voice
of impulse crafted into life burning darkness
of light
of days journeying through night

of riddim pulse wails and dreams
and determination to be free
of sight
of a vision that ignites
of a musical bam-bam fling-down-baps get-up-stand-up jam!
A musical realignment of the planets
a joy and a singing for those on it

Liberation impulse
dig the colonialists' grave
crunch of the sixties
baton carried through civil rights flames
spirit of the hippies
signify new ways
the Black power five
the right-on jive
women raise banners for their rights
communities organize
and workers struggle for human rights   for human rights

De core of the African self
separated by four hundred years
ties blighted and nipped   a continental divide
and colonialist lies
a sip from the being of the African well
uncorked the primal African self
and woo ... oosh woo ... oo ... oosh the well spring up
and a riddim let loose
and reggae music found us

It was the pulse in the Caribbean that echoed bright
a voice on a beat
squashed determination released
and the wondrous sighs of Black people once again rose high

from a little piece of rock called Jamaica
where Arawak-speaking Tainos and Carib bones lie
came a breath of resistance
of peace love and liberation
spread worldwide on the wings of its artists and shaman
the bass and drums prance like a winded fire
chenke ckenke chenke chenke of a guitar strum
songs of freedom
of spirit
of love
of redemption

Revolution from de drum
Revolution from de beat
Revolution from de heart
Revolution with de feet
Ah   revolution

Rub A Dub Style Inna Regent Park

Monday morning broke
news of a robbery
Pam mind went
couldn't hold the load
dem took her to the station
a paddy wagon
screaming . . .
her Johnny got a gun
from an ex-policeman

Oh lawd, Oh Lawd Oh Lawd eh ya
a wey dis ya society a do
to wi sons

Rub a dub style
inna Regent Park
mon a dub it inna dance
inna Regent park
oh lawd oh lawd

'forget yu troubles and dance'
forget yu bills them
an irie up yuself
forget yu dreams of gathering dusts
on the shelves

dj rapper hear im chant
pumps a musical track
for im platform
cut it wild

sey de system vile
dubbing it inna dance
frustration pile
a different style
inna Regent Park

could have been a gun
but's a mike in his hand
could've been a gun spilling out the lines
but is a mike
        is a mike
                is a mike

Oh Lawd Oh Lawd Oh Lawd   eh ya
riddim line vessel im ache
from im heart outside
culture carry im past
an steady im mind
man tek a draw an feeling time
words cut harsh   try to find
explanations
de suffering of de times

'forget yu troubles and dance'
forget yu bills dem
an irie up yu self
forget yu dreams gatherin

dust   dust   dust

is a long time wi sweating here
is a long time wi waiting here
to join society's rites
is a long time wi beating down yu door

is a long time since wi mek the trip
cross the Atlantic
on the slave shippppppppp
is a long long time wi knocking
an every time yu slam the door
sey: no job
discrimination   injustice
a feel the whip lick
an is the same boat
          the same boat
                    the same boat

Oh Lawd   Oh Lawd   Oh Lawd eh ya

dj chant out cutting it wild
sey one hav fi dub it inna different style
when doors close down on society's rites
windows will prey open
in the middle of the night
dashed hopes run wild
in the middle of the night
Oh Lawd   Oh Lawd   Oh Lawd   eh ya

Dark Winds

Dark winds choked on the icy air
frustration was breathing
pleasure found ease
in the music beating pounding
bass line driving stroving
slap to the guitar hot licks
stirring up a musical commotion
the notion a rebel reggae rebel-motion

Man and woman and youth and I one
seeped in a voyage of discovery
a mystic deep black journey
the denseness and the blackness of the glory
glowing shining
the past and the present well aligning

What the people have to do nowadays mi say
if them work hard in a dance hall, ina house yard
ina school yard
just a uggle fi get a little space

and the haste and the waste
how them lay them bare
cause them black, cause them black
and the system justa progress pon them back
pon them back
and de music jus a beat
an the dance hall a rock
yu coulda hear
the feeling of gladness

mixed with hope jus a crackle
and the music jusa beat
in the heat of de sweat
and the tiredness and emptyness regress

Delroy and Imogene stood by the wall
cotch it up like if them move it woulda did drop
roll a crackle and a clap
a youth mouth burn;
'riddim! Journey forward!'

and the p'lice them outside
couldn't stand the noise
that the heat and the beat and the mystic mists
was a blowing winds of glory
in a reggae creation story

and BAM!
them kick down the door
put everyone pon the floor
face down flat, face down flat

It was a brutal attack
pon the spirit of survival
pon the culture and the spirit of revival
pon de youth of Jane & Finch
cause them black, cause them black

what the people have to do today mi say
just a uggle fi get a little peace
and the haste and the waste
how them lay them bare

cause them black cause them black
and the system just a progress pon them
    back
pon them back

but our youths of today
just haffi find a way
fi stand them ground
and fight back
and fight back
and fight back

Riddim An' Hardtimes

An' him chucks on some riddim
    an' yu hear him say
        riddim an' hardtimes
            riddim an' hardtimes

music a prance
dance inna head
drumbeat a roll
hot like lead

Mojah Rasta gone dread
natt up natt up
irie
red

riddim a pounce wid a purpose
Truths and Rights
mek mi hear yu

drum
drum drum
drumbeat
heart beat
pulse beat
drum

roots wid a Reggae resistance
riddim
noh Dub them call it
riddim an' hardtimes

dem pound out the music
carv out the sounds
hard hard
hard like lead
an it bus im in im belly
an' a Albert Johnson
Albert Johnson dead
dead
dead

but this ya country hard eh?
ah wey wi come ya fa?
wi come ya fi better
dread times
Jah signs

drum beat
pulse beat
heart beat
riddim an' hardtimes
riddim an' hardtimes
riddim an' hard
        hard
        hard

Revolutionary Tea Party

You who know what the past has been
you who work in the present tense
you who see through to the future
come mek wi work together

come sit here with we
a mek wi drunk tea
a mek wi talk
a mek wi analyse

You who have been burned by vanguardism
come mek wi give yu little nurturing
come sit awhile
a mek wi drink tea
a mek wi talk
a mek wi strategize

You who believe in the future
in transforming by your labour
let the future be in good favour

We who create the wealth of the world
only get scrapings from them in control
when wi siddown and look at the system
check out the way that things been
wi haffi say . . . wi haffi say
the system in a really bad way

A wey it a defend?

You who see for peace a future
you who understands the past
you who create with yu sweat from yu heart
let's talk, let's make art, let's love, dance
revel in the streets if that's the beat
protest demonstrate chant

You whose us for a future
come sit here with we
mek wi drink tea

mek wi talk
mek wi analyse
mek wi strategize
mek wi work together

Memories Have Tongue

My granny seh she have a bad memory
when I ask her to tell me
some of her life
Seh she can't rememba much but
she did rememba di 1910 storm
and how dem house blow down
an dey had to go live wid her granny
down a bottom house

Seh her memory bad
but she memba that when her husband died
(both of them were t'irty)
she had t'ree little children
one in her womb, one in her arms, and one at her frocktail
she memba wem dem bury him her heart
buss up inside
dat wen di baby born
she no have no milk inna her breast

She memba how she wanted her daughta
to grow up an be a postmistress
but di daughta died at an early age
she point to the croton-covered grave
at di bottom of the yard

Seh her memory bad
but she memba
1938

Frome
di riot
Manley
Busta
but what she memba most of all
is dat a pregnant woman was shot
and killed
by di soldiers

Chile, I ole now
my brain gaddarin water
but I memba as a young woman, I love to dance
and yellow was my favourite colour
It was mi husban fadda who ask fi mi han
di big people dem siddung outta hall and discuss
everyting
mi fadda agree
cause him seh
my fellow, your granfadda, was 'an honourable person'

I memba how on my wedding day
di guests dem nearly eat off all di food
it was alright, doah
I was too nervous to eat anyway

Oh Canada

I

when she said she was going to canada
she never imagined it would be so cold
she arrived in the winter and as she stepped
outside the airport into the waiting car of her aunt
her nose began to bleed

II

tramping along parliament street
in snowboots that allowed water to enter
tramping to 'no frills'
where her aunt said you get the best bargains
along the street she noticed people, she later learnt
were called winos, scratching themselves
on parliament she noticed lots of West Indians
good sign, she thought

III

she never thought snow could fall so much
four days of it. a blizzard the girl on the tv announced.
people had to work in this weather, no you can't
stay home
her aunt said, or you will be fired.
one evening after coming home from work
her aunt told her that the wind almost blew her away
she had to hold on tight to a bus-stop

IV

sitting in the apartment all day
looking at the tv

shampoo to make girls' hair silky
tv stories with people who never seem happy
all my children
one life to live
as the world turns
when she saw a Black face, her eyes focussed
she paid attention

V

regent park reminded her of
tivoli
jungle
dunkirk
same square boxes with tiny tiny insides
in the stairwell they shit and piss on the floor
most times the elevators are out of order
in the park the boys play soccer
the girls watch
boys flirt with girls   dangerous love games

VI

two children with yellow hair
six and eight
they ask her questions
in your country do you live in trees
how did you know english

VII

the missis told her that her duties were
light housekeeping
but she was up from six o'clock to
whenever the family went to bed,
which was usually by midnight

214

VIII

cooking
cleaning
washing
ironing
her weekend began saturday night and ended
sunday evening
at five, and this was every other weekend. spring.
time for spring cleaning
her missis told her to climb on the ladder
so she could reach the top windows. she said she was
not used to climbing, saw herself falling off
missis ask if back home she never use to climb trees

IX

she fed up
tired
angry
heartbroken
vex no rass
mad no hell
weekend off she never went back

X

her aunt not pleased
she said, you can't quit like that
rome wasn't built in a day
if you want good yuh nose haffi run
you haffi suck salt thru wooden spoon

To Jamaican Women

To those women who rise
at five in the morning to prepare
food for their children and send them off to school
while their men lie
in bed

To those women who have no food to give
their children, cannot afford to send them to school
and whose men have disappeared

To those women who, in order to raise their children,
sweat inside oppressive factories
lie on cold sidewalks
hack an existence from rocky hillsides
take abuse from men who are their only source
of survival
this poem is for you

To those whore at Half-Way-Tree
with their mobile hotel rooms

To the young office girls who think
they hold they key of life in their hands

to those schoolgirls with their bright faces
whose dreams are sometimes betrayed by men
twice their age
to the unnamed
who by their unceasing work and action
cause life to flow unbroken

To those daughters of Nanny
who are beginning to realise the power
they hold in their hands
This poem is for you

For Christine and Iselena

You did not want any particular honour

You did not choose the title 'working mother'
it full upon you as a matter of circumstance

You just wanted to live the way you wanted
and take care of your children
by using the best resources at hand

But this world was not made to accommodate you
you had to fight to get a job
and loose some of your dignity in the process
you had to battle arrogant men
in high and low places
you had to battle ancient prejudices
and
fight for daycare
fight for welfare
fight for the right to have and take care of your children
fight for the right to love whom you choose
And when you do these things
they dub you
superwoman
amazon
bitch

No you did not want any particular honour
you did not want any particular title
you just wanted to be

Stepping To Da Muse/Sic
(for Bob Marley)

Bob
you make me move in an ancient way
in an ancient way that my feet never forgot
you make my feet, my body
do things I never thought was possible
you made me do old world dance
Dahomey dance
you make me the priestess
in a pure and sacred way
we don't need no more sorrow
and my body moves slowly, my arms uplifted
I am offering sacrifice to my ancient God

She Dance
(dream poem)

lawd look di way
     she dance
she dance
     she dance
she hold up har head
square har shoulders
all rigid-like
den she get loose
an start to shake
lawd look di way she dance
she dance
     she dance   she dance
          she dance
she dance

is like when she dance somting in har
like a dam burst open an start fi flow
an she jus dance dance dance dance
she dance wid di wind
fi di wind
against di wind
har hands held high in supplication to God
she dance and dance
now is like Damballah possess har
har body start rippling like a snake
undulating like the waves/seductive as the sea
(the woman of the ocean in har)

as she dance
              dance
dance
                    dance

but now har body contorting
she ben ovah inna pain
lawd she mus be dying
but look she come
to life again   and dance
and dance

chile is who fah pickney is you
who you belong to
who initiate you into di rites of voodoo
where you learn fi dance so
fi dance so
fi dance so

lawd look di way you dance

ACKNOWLEDGEMENTS

Poetry of Benjamin Zephaniah, reprinted with permission from Bloodaxe books, taken from the following editions: *City Psalms* (Bloodaxe Books, 1992), *Propa Propaganda* (Bloodaxe Books, 1996) and *Too Black, Too Strong* (Bloodaxe Books, 2001)

Poetry of James Berry, reprinted with permission from Bloodaxe Books, taken from the following editions: *A Story I Am In: Selected Poems* (Bloodaxe Books, 2011) and *Windrush Songs* (Bloodaxe Books, 2007)

Poetry of Jean 'Binta' Breeze, reprinted with permission from Bloodaxe Books, taken from *Third World Girl: Selected Poems, with Live DVD* (Bloodaxe Books, 2011)

Poetry of Lillian Allen, reprinted with permission from Lillian Allen, taken from *Make the World New: The Poetry of Lillian Allen* (Wilfrid Laurier University Press, 2021)

Poetry of Mutabaruka, reprinted with permission from Paul Issa Publications, taken from *Mutabaruka: The Next Poems/The First Poems* (Paul Issa Publications, 2005)

Poetry of Mikey Smith, taken from *It A Come* (City Lights Publishers, 1989). Every effort has been made to trace and contact the copyright holders prior to publication. If notified, the publisher undertakes to rectify any errors or omissions in the next edition of this book.

Poetry of ahdri zhina mandiela, reprinted with permission from ahdri zhina mandiela, taken from *Speshal Rikwes* (Sister Vision Press, 1985)

Poetry of Oku Onuora, reprinted with permission from Oku Onuora, taken from *Echo* (Sangsters Book Stores Limited, 1977)

Poetry of Afua Cooper, reprinted with permission from Afua Cooper, taken from *Memories Have Tongue* (Sister Vision Press, 1992)

VINTAGE CLASSICS

Vintage Classics is home to some of the greatest writers and thinkers from around the world and across the ages. Bringing you not just the books you already know and love, but new additions to your library, these are works to capture imaginations, inspire new perspectives and excite curiosity.

Renowned for our iconic red spines and bold, collectable design, Vintage Classics is an adventurous, ever-evolving list. We breathe new life into classic books for modern readers, publishing to reflect the world today, because we believe that our times can best be understood in conversation with the past.

A Note on Our Sustainability Commitments

We create Vintage Classics red spine paperbacks with the environment in mind.

We have minimised the carbon impact of our books by using low-carbon FSC™-certified paper. Our covers use minimal finishes and we are working towards making all our books recyclable. All red spine editions printed in the UK use 100% renewable energy.

For more information on our sustainability commitments, please visit greenpenguin.co.uk.

Discover more in **VINTAGE CLASSICS** red spine